DOCUMENTS SUR LA PROVINCE DU PERCHE

MÉMOIRE HISTORIQUE

SUR LA PAROISSE

DES MESNUS

PAR

M. l'Abbé GODET

Curé du Pas-Saint-Lhomer

Associé correspondant national de la Société des Antiquaires de France

MORTAGNE

MARCHAND & GILLES || Georges MEAUX
Libraires-Éditeurs || Imprimeur

M. DCCC. XCIV.

MÉMOIRE HISTORIQUE

SUR LA PAROISSE

DES MESNUS

DOCUMENTS SUR LA PROVINCE DU PERCHE
2ᵉ Série. — N° 4.

MÉMOIRE HISTORIQUE

SUR LA PAROISSE

DES MESNUS

PAR

M. l'Abbé GODET

Curé du Pas-Saint-Lhomer

MORTAGNE

MARCHAND & GILLES || L. DAUPELEY
Libraires-Éditeurs || Imprimeur

M. DCCC. XCIII. 1893

PREAMBULE

Un travail d'intérêt local aussi restreint que celui-ci aura, je ne me le cache pas, un défaut, celui de ne pouvoir intéresser tout le monde; mais il aura cet avantage, que présenteront d'ailleurs tous les travaux du même genre, d'offrir à l'histoire percheronne quelques documents inédits et parfois précieux ensevelis dans la poussière des siècles. D'un autre côté, le lecteur qui se sera donné la peine de suivre la publication de ces documents, reconnaîtra que très souvent ils ont un intérêt général ; la phase révolutionnaire, en particulier, écrite au jour·le jour pendant deux ans (1791-94), nous donne des renseignements bien curieux, non seulement sur la paroisse elle-même, mais sur les faits de même nature qui ont dû se passer dans les pays circonvoisins.

Sans doute, il serait difficile d'entreprendre l'histoire de chaque localité : beaucoup n'en ont pas, parce qu'elles n'ont plus de titres, d'autres n'en ont tout au plus qu'une page, quelques lignes; mais, peu importe, je crois que dans ce dernier cas il est toujours utile de tirer de l'oubli les quelques parchemins que l'on aura rencontrés, de consigner chaque fait, de raisonner sur chaque événement, afin que le pays, plus connu, mieux apprécié, soit chéri avec plus de discernement et plus judicieusement défendu.

C'est dans ce but que je publie ce mémoire. J'ai retrouvé dans une petite paroisse des bords de l'Eure un dossier complet, composé d'une centaine de parchemins et d'environ 200 papiers ou cahiers de diverses formes, je ne serais aucunement surpris que cette paroisse fût une des rares qui ait conservé aussi complètement ce que j'appellerai ses « papiers de famille ». Aussi ai-je cru intéressant de consacrer quelques heures à les étudier et à faire un choix des titres et pièces d'un attrait plus notoire; je les ai divisés en quatre classes, qui feront l'objet des quatre chapitres de ce travail : 1º *Notions générales et topographie de la paroisse;* 2º *Sa noblesse;* 3º *Son clergé;* 4º *Sa Fabrique et son Temporel;* 5º Un dernier paragraphe sera consacré à *l'histoire révolutionnaire du pays pendant l'époque la plus mouvementée.*

§ Ier

Notions générales sur l'origine des paroisses et topographie du territoire des Mesnus.

L'origine de nos paroisses, en général assez obscure, peut se reporter à quatre époques principales : d'abord, à la prédication de l'Evangile, puis, au VIe siècle, à la grande colonisation bénédictine, ensuite, aux Xe et XIe siècles, à la conversion des Normands, enfin à l'époque de calme qui suivit les troubles religieux du XVIe siècle. Les paroisses de cette formation récente sont rares ; j'en citerai une : la Magdeleine-Bouvet, qui, en 1646, n'était encore qu'une chapelle monacale du ressort du prieuré de Moutiers ; celles qui remontent aux Xe, XIe et XIIe siècles sont plus nombreuses ; parmi elles figurent les Mesnus et plusieurs paroisses voisines : Neuilly, la Lande, Fontaine-Simon, la Loupe, etc.

En effet, le Pouillé de Chartres de la fin du XIIe siècle, intitulé « *Livre Blanc* », ne fait aucun mémoire de ces paroisses, mais le cartulaire de Moutiers parle des Mesnus en 1252, ainsi que de Neuilly, à propos de *novales* situées sur les limites de ces deux paroisses et accordées aux moines de Moutiers par l'évêque de Chartres ; il fait mention de la Loupe en 1237, de Fontaine-Simon en 1240. Ce sont les Ve et le VIe siècles qui virent naître la majeure partie de nos paroisses et, pour rester dans la contrée qui nous occupe, Belhomert, le Pas-Saint-Lhomer, Moutiers, Bretoncelles, Condé, sont de ce nombre ; dans une étude sur l'abbaye de Corbion (1), j'ai fait voir que ces paroisses remontaient à Saint-Lhomer qui a été pour quelques-unes leur fondateur ; enfin, nous en avons dont l'origine se confond avec celle du christianisme dans les Gaules, leurs noms de source latine les fait assez connaître, Mortagne figure parmi les premières et les plus importantes. Mais je laisse cette attrayante question et je reviens aux Mesnus.

Assis à un kilomètre des bords de l'Eure et à huit kilomètres des sources de cette rivière, le bourg des Mesnus, dont le nom s'écrit aussi : les Menus, est situé dans la province du Perche,

---

(1) Bulletin de la Soc. hist. et arch. de l'Orne. Tome X, 1er et 2e bullet.

sur la lisière de celle du Thimerais ; la commune dont il est le chef-lieu est la plus orientale du département de l'Orne et avoisine l'Eure-et-Loir.

Le territoire de la paroisse occupe la plus grande partie du plateau compris entre la vallée de l'Eure et celle de la Corbionne et a pour limites, à l'est : Fontaine-Simon ; au sud : le Pas-Saint-Lhomer ; à l'ouest : Moutiers-au-Perche ; au nord : Neuilly-sur-Eure et Manou. Compris jusqu'au Concordat de 1802 dans l'ancien diocèse de Chartres, il faisait partie de l'archidiaconé de Dreux et du doyenné de Brezolles et sa cure était à la nomination des moines de Saint-Lhomer de Blois. A la réforme concordataire, il passa au diocèse de Séez avec les Murgers et le Pas-Saint-Lhomer qui, supprimés comme paroisses, lui furent adjoints jusqu'en 1847, époque où la paroisse du Pas fut reconstituée au dépens de celle des Murgers.

Les cartes du Perche, faites au XVIIe siècle, entre autres celle de Janson d'Amsterdam que j'ai sous les yeux, n'ont point indiqué « les Mesnus » ; il faut dire qu'elles sont fautives en d'autres endroits et qu'elles ne peuvent être consultées qu'à titre de curiosité.

La population a peu varié dans le cours des siècles et elle est aujourd'hui ce qu'elle était vers la moitié du siècle dernier ; en 1738, le cartulaire de N.-D. de Chartres lui assigne 250 communiants, auxquels, par conséquent, il faut ajouter les enfants, non admis à la communion, et l'abbé Expilly comptait, quelques années plus tard, 91 feux, lorsqu'au commencement du siècle, en 1709, le curé Pasquier nous en indiquait seulement 59.

Quoique le territoire de cette paroisse soit à peu près de même nature, comme terre et comme produits, que celui des paroisses voisines, c'est-à-dire que c'est un argile à silex non remaniée, recouvrant la craie et la marne à une assez grande profondeur et que les céréales aient toujours fait, comme aux alentours, le fond de la culture du pays, il est curieux de remarquer que « les Mesnus » eurent toujours à subir une imposition beaucoup plus élevée. Ainsi, d'après un manuscrit français de la Bibliothèque nationale (voir : *Documents sur le Perche*, 5e fasc., 2e série, p. 128), en 1466 cette paroisse payait 62 livres tournois d'impôt, tandis que Neuilly, auquel pourtant la Lande-sur-Eure était réunie, n'en payait que 15 ; le Pas-Saint-Lhomer, 9 ; Fontaine-Simon, 35 ; Moutiers lui-même, avec 176 feux, ne payait pas une fois de plus et ne versait que 116 livres. Dans le cours des siècles, la différence est restée la même à peu près jusqu'à la Révolution. En 1791, la contribution mobilière était de 1,073 livres 8 sols 9 deniers ; nous verrons plus loin comme quoi les habitants protestèrent contre un impôt aussi onéreux, furent cependant obligés de l'acquitter et en plus forcés de contribuer à l'alimentation de quelques paroisses voisines. En 1793, la contribution foncière était de 5,397 l. 1 s. 6 d., celle du département étant de 3,558,600 l. et celle des 83 départements de 240 millions de livres. C'est en élevant le chiffre des impôts de 1,073 l. à 5,397 l. qu'on inaugura aux Mesnus, comme dans le reste de la France, l'ère des *réformes* et du *progrès* dont les manuels officiels nous vantent les bienfaits !

§ II

Familles nobles de la paroisse.

Le nobiliaire percheron est encore peu connu. Dans ses « Essais sur le Perche », M. Gouverneur en a augmenté la liste de plusieurs noms nouveaux, mais elle est loin d'être complète ; seule l'étude approfondie des archives municipales et des anciens registres paroissiaux nous donnera la clef de ce trésor héraldique, à peine à moitié découvert aujourd'hui. La haute noblesse nous est connue, mais il n'en est pas de même de la noblesse plus modeste dont les membres, généralement qualifiés du titre d'écuyer, étaient précisément ceux qui habitaient aux Mesnus comme dans tant d'autres endroits ; ici point de barons, de comtes ni de marquis, mais seulement quelques gentilshommes campagnards, qui cependant figurent sur la liste des anciens nobles dans la « Recherche de la noblesse, dressée par de Marle en 1666. »

N'ayant qu'un titre antérieur au XVIIe siècle, je ne puis donner que deux noms nobles intéressant les Mesnus avant cette époque. Le document qui nous a conservé leurs noms est un parchemin de 1408, contenant en belle écriture gothique l'inventaire des biens-fonds de la fabrique à cette époque. Pierre de Bresnay fait à l'église une rente de cinq deniers pour feu Philippe de Gohonville, dont il est héritier. Nous savons, d'un autre côté, par le procès-verbal de la réunion des Etats du Perche en 1558, que messire Christophe du Refuge, gentilhomme de la maison du roi, était seigneur des Mesnus. Il figure dans cette assemblée « au nom et comme superintendant et administrateur des biens et succession du feu comte d'Anguyen. » Ce seigneur résidait au Bois-des-Mesnus, qui fut toujours la principale demeure seigneuriale de la paroisse.

C'est absolument là les trois seuls noms dont le souvenir nous ait été laissé avant les guerres de Religion et nous ne retrouvons dans la suite aucune trace de leur passage ; mais, en revanche, à partir de cette époque, nous faisons connaissance avec un grand nombre de familles nobles que l'absence de documents ne nous avait pas, jusqu'alors, permis de soupçonner. En voici l'Etat complet, que j'appellerai le « Nobiliaire des Mesnus. »

1642. François *de Brossard,* éc^r, s^r de Frémont (résidence inconnue). Au rôle des nobles pour la Généralité d'Alençon, nous voyons : François de Brossard à la Roche de Nonant, élection d'Argentan, Benjamin et Alexis de Brossard, à la Ferrière, en l'élection de Domfront. François de Brossard était sieur de Frémont par sa femme qui, en 1689, fit un testament en faveur de l'église des Mesnus (1). Marin de Brossard était sieur des Maretz, en Dorceau. Jacques de Brossard, marié à Jeanne-Marie de Brulé en 1665. Il y a en Normandie plusieurs familles de Brossard.

1651. Simon *Badou,* s^r de la Galasière et Simonne Le Hardy, sa femme.

1655. Jacques *Bouthier,* s^r de la Bertillière ou Bertelière.

1662. Louis *Daragon,* éc^r, officier de la maison du Roi, s^r des Mains-Fermes, marié à Marguerite de Couppay, eut deux filles : Marguerite et Louise.

1666. Anne *de Trousseauville,* veuve de Richard de Morteaux, s^r de Villebon, tutrice de Charles de Morteaux, et Charles *de Morteaux,* s^r de Villebon, demeurant aux Hayes, propriété qui appartint à cette famille jusqu'à la Révolution, époque où Chambon de Trousseauville, capitaine à Nancy, en Lorraine, ayant émigré, ses biens furent vendus, comme nous le verrons plus loin.

1685. Me *Aubin,* s^r de la Brulardière, marié à la fille de François de Vaumorin, de la paroisse de Saint-Hilaire-des-Landes, au pays du Maine. En 1694, la Brulardière était passée aux mains de la famille de Gastel.

La famille qui eut aux Mesnus le rôle prépondérant est la famille *d'Escorches,* qui se divisait en deux branches : celle de Rumien, résidant au Bois-des-Mesnus, et celle de Boutigny, résidant au Petit-Boulay. Nous n'en donnons pas ici la généalogie, comptant en faire l'objet d'une étude spéciale qui sera publiée dans le présent recueil.

(1) Guillaume Frémont, s^r de Viantais, et Jean de Frémont, en Bizou, furent, en 1666, renvoyés au Conseil pour l'examen de leurs titres de noblesse ; on ne dit point s'ils furent condamnés.

En 1793, les d'Escorches de Rumien avaient quitté les Mesnus pour aller soit à Bizou, soit à Loisé; mais la propriété du Bois-des-Menus leur appartenait encore.

Le nom des d'Escorches s'est conservé jusqu'aujourd'hui aux Mesnus dans celui d'une maison nommée la Décorcerie ou Décorcherie.

Vers la moitié du siècle dernier, une autre famille noble s'établit au village de la Peignière, par le mariage de Pierre *de Magny*, s^r de la Motte, avec Renée de Gastel, dont j'ai signalé plus haut les ancêtres à la Brulardière en 1694.

Mariés en 1759, Pierre de Magny et Renée de Gastel eurent en 1760 une fille, Anne-Geneviève-Françoise, qui se maria en 1784 à Frédéric Loiseau, maître-chirurgien à Senonches. A ce mariage assistèrent Jean-Pierre de Magny, oncle, s^r de Magny, officier de grenadiers, et ses deux fils: Jean-Baptiste, officier au régiment d'Auxerre, et Jean-Médard, officier dans celui d'Auvergne; Paul de Menou de la Pépinière, officier de grenadiers-royaux, et Pierre d'Escorches, parent du côté maternel.

En 1761, de Pierre de Magny et Renée de Gastel naquit une autre fille, Françoise-Adélaïde, qui, à l'époque de la Révolution, épousa un nommé Gillet, paroissien des Mesnus.

Pierre de Magny mourut en 1780 à 49 ans, laissant, avec ses deux filles, un fils qui, comme nous le verrons, suscita quelques difficultés à sa mère en 1793. Geneviève-Renée de Gastel mourut à la Peignière à 77 ans et sa fille Adélaïde, dernière propriétaire de la ferme, y est morte à 53 ans, le 2 janvier 1815.

Les *Gastel* et les Magny étaient fort répandus dans le pays. Les Gastel étaient seigneurs de l'Etang et de Hérissay, en Manou; de la Motte-des-Rigaudières, en la Chapelle-Fortin (Eure-et-Loir); des Aunaies, aux Ressuintes (Eure-et-Loir). En 1789, nous rencontrons François et Simon de Gastel frères, à la Lande, Jérôme de Gastel, sieur de la Bulerdière, en Neuilly. Les de Magny étaient principalement à la Chapelle-Fortin, nous les voyons aussi à Coulonval: René de Magny, curé, et Pierre, son frère, etc. Une terre de Magny située aux Châtelets, près la Mancellière, appartenait à Antoine des Gués.

Telles furent, d'après nos actes, les familles les plus importantes des Mesnus; si elles le furent par le nom, le furent-elles par la richesse, c'est possible, mais ce point n'a rien de certain; elles étaient loin d'avoir ce qu'on appelle une fortune, c'était plutôt une honnête aisance et la Révolution eût eu peu de chose à faire pour les déposséder, aussi les laissa-t-elle tranquilles, à une exception près, nous le verrons plus loin. En tous cas, en 1791, aucun membre de cette petite noblesse ne tenait la tête de la capitation et je dois inscrire en première ligne deux noms qui n'ont point paru dans notre nobiliaire, l'un : l'évêque de Blois, parce qu'il ne dixmait sur les Mesnus qu'en raison de son titre de prieur commendataire de Moutiers, l'autre Thiboult de la Rocque, domicilié à Pontorson, parce qu'il n'était pas résident et qu'il ne possédait aux Mesnus que par son alliance avec les Trousseauville.

Par les registres municipaux de l'époque, on va se rendre compte des revenus et de l'impôt foncier ainsi que du rôle de capitation inscrite sur le nom de chacun de ces gros contribuables du pays.

1791.

1. Alexandre-Amédée de Lauzières de Thémines, évêque de Blois, pour Moutiers, ressortissant de la mense épiscopale qui de ce chef possédait aux Mesnus certaine étendue de biens entre autres les Champs-Corons et le moulin à vent (nous n'avons que l'impôt de capitation qui permet de juger du reste).....

	Revenu.			Contribution foncière.			Capitation.		
1.	» l.	» s.	» d.	» l.	» s.	» d.	58 l.	6 s.	6 d.
2. Paul Thiboult de la Roque, officier, demeurant à Pontorson, pour la Motelière et la Bertelière.....	880	1	4	243	17	»	14	11	19
3. de Launay, à Pontorson, pour la Cognardière.......	»	»	»	»	»	»	12	5	3
4. Geneviève de Gastel, veuve de Magny, à la Peignière.....	732	8	»	202	18	8	13	7	6
5. Pierre-François d'Escorches, bourgeois....	650	1	6	180	25	»	»	»	»
6. de Chambon-Trousseauville, capitaine à Nancy, en Lorraine, pour la terre des Hayes.	591	2	8	163	15	8	8	15	16

7. Marie-Loui-

se d'Escorches, bourgeoise....	Revenu. 283 l. 11 s. 2 d.	Contribution foncière. 78 l. 11 s. 4 d.	Capitation. 5 l. 1 s. 66 d.

Ainsi, l'évêque de Blois, en qualité de prieur commendataire de Moutiers, payait à lui seul plus de capitation que les autres nobles réunis ; il devait donc être le plus grand décimateur des Mesnus ; nous savons d'ailleurs que, déjà en 1738, il touchait 7,000 livres de rente du fait du prieuré de Moutiers. Elles avaient pu doubler jusqu'à la Révolution, puisqu'en 1698 elles n'étaient que de 4,000 livres et que, quarante ans plus tard, elles atteignaient 7,000. D'un autre côté, la faiblesse pécuniaire des autres nobles s'explique facilement, d'abord par la division de fortune entre les divers membres de chaque famille, puis, par la dépréciation rapide des matières d'or et d'argent qui avait pour résultat de diminuer dans une proportion très grande la valeur réelle des rentes perpétuelles, et par conséquent des fortunes où elles figuraient pour une grosse part, enfin par ce fait que les nobles ne pouvant, sous peine de dérogeance, se livrer au commerce ni à l'industrie, n'avaient d'autre ressource, pour ne pas mourir de faim, que de mendier des charges de Cour ou de passer à l'armée de longues années, à la fin desquelles ils retrouvaient la misère les guettant au seuil de leurs vieux manoirs délabrés.

Aussi aux XVIIe et XVIIIe siècles, sous un nom ancien et parfois illustre, se cachaient souvent des situations de fortune fort modestes, quand elles n'étaient pas lamentables. Aujourd'hui ces habitations, bien simples du reste, ont changé de mains et rien ne reste aux Mesnus pour rappeler le souvenir de ces familles de vieille race. Les révolutionnaires, en supprimant les privilèges de la noblesse et en assassinant un grand nombre de ses membres les plus respectables et les plus éminents, espéraient bien avoir détruit le corps tout entier, mais si des noms antiques et glorieux ont cessé d'être représentés, des noms nouveaux sont venus les remplacer et la noblesse de France, qui a gagné plus qu'elle n'a perdu à la suppression de ses prétendus privilèges (plus souvent onéreux qu'avantageux), continue à être l'élite de la nation et, malgré son petit nombre, a contribué à elle seule, autant que le reste de la population, à enrichir le patrimoine des gloires de la Patrie (1).

(1) Sans parler de Bonaparte et des nombreux gentilshommes qui s'illustrèrent tant dans les armées de la Révolution et de l'Empire que dans celles de l'héroïque Vendée, est-il besoin de citer les noms du vte de Châteaubriand, d'A. de Lamartine, cte V. Hugo, A. de Musset, V. de Laprade, cte de Tocqueville, pour les lettres ; cte de Montalembert, pour la tribune ; cte de Maistre, de Bonald, pour la philosophie ; P. de Ravignan, pour la chaire ; bon de Barante, Fustel de Coulanges, de Wailly,

La Révolution avait également inscrit dans son programme la destruction de la religion chrétienne, mais, là aussi, elle a piteusement échoué : le clergé, qui a fourni comme la noblesse de nombreux et héroïques martyrs, est sorti de la tourmente dépouillé de ses biens, mais plus zélé que jamais pour le service de Dieu et le salut des âmes : il en a toujours été et il en sera toujours ainsi de toute persécution.

§ III

Clergé de la paroisse des Mesnus.

Les registres paroissiaux des Mesnus remontent à 1605 ; mais j'ai pu, à l'aide de testaments, retrouver le nom de trois curés antérieurs à cette date :

1574. Messire Gouste, prêtre, a donné 7 s. 6 d. pour l'entretien des messes ordinaires, 2 s. 6 d. pour le pain et le vin et 2 s. 6 d. pour en faire la prière.
1585. Messire Thomas Cordier, prêtre, curé de céans, a donné plusieurs ornements pour en faire la prière.
1603. Messire Estienne Duchesne a donné une chappe blanche pour en faire la prière aux quatre fêtes solennelles, un libéra le jour des Trépassés et une messe à tel jour qu'il est décédé jusqu'à vingt ans.
1605-1657. Gobelet.
1657-1662. Nicolas Eloi.
1662-1681. Clopeutre, décédé aux Mesnus, âgé de 60 ans ; inhumé dans le cœur, en présence des curés voisins, par le curé de la Loupe.
Vacances jusqu'en novembre.
A cette date un acte est signé « Antoine Legris » curé des Menus, bachelier en théologie de la faculté de Paris.

pour l'histoire ; de Caumont, m^{is} de la Borde, du Sommerard, pour l'archéologie ; du Petit-Thouars, pour la marine ; généraux de Lamoricière, de Pimodan, de Sonis, etc., pour l'armée ; prince de Talleyrand, pour la diplomatie ; c^{te} de Ruolz, pour la chimie ; b^{on} de Montyon, v^{te} de Melun, pour la bienfaisance, etc. ; c^{te} de Noë (sous le pseudonyme de Cham), pour la caricature ; m^{is} de Laplace, pour l'astronomie ; les de Jussieu, pour la botanique ; duc de Richelieu, c^{te} de Willèle, pour la politique, etc., etc.

1682-1684. Tous les actes sont signés Bonvallet, desservant la cure des Mesnus en l'absence de maître Legris et par commission de l'archidiacre de Dreux.

1684. De mars à juillet nous retrouvons la signature d'Anthoine Legris.

1684-1693. Nicolas Eloy occupe de nouveau la cure des Mesnus.

1693-1695. Langlois.

Août 1695 à mars 1696. Intérim fait par Charron, curé de Coutretot, en l'absence du curé.

1696-1738. Pasquier.

Au début de son ministère aux Mesnus, une catastrophe qui eut pu avoir les plus désastreuses conséquences, à cause du jour férié où elle arriva, atteignit son église ; lui-même a noté ainsi le fait dans le registre des actes de l'année.

« Le 2e jour de février de l'année 1701, il fit une si grande fou-
« dre qu'elle fit tomber le clocher de cette église basti en flèche
« et élevé de près de 150 pieds. La ruine dudit clocher et celle
« qu'il causa par sa chute sur la nef et le chœur de l'Eglise a été
« estimée 5,000 livres. »

Il en référa immédiatement à l'Evêque de Chartres et dans sa requête, il nous donne d'autres détails sur cet accident.

« A Monseigneur l'Evêque de Chartres.

« Vous remontre humblement Martin Pasquier, prêtre, curé de
« l'Eglise paroissiale des Mesnus, disant que mercredi dernier,
« jour de la fête de la Purification de la Ste-Vierge, il survint un
« orage de vent si furieux qu'ayant renversé le clocher, il tomba
« sur le chœur et une partie de la nef de la dite église et,
« par sa chute, aurait rompu et brisé tous les chevrons, lattes et
« tuiles, en sorte que ladite église est complètement à découvert
« et que l'on aura peine à y faire l'office divin, s'il n'y est promp-
« tement remédié. Pourquoi, Monseigneur, le suppliant requiert
« très-humblement qu'il vous plaise faire faire visite de ladite
« église en l'état qu'elle est par telle personne qu'il vous plaira
« commettre à cet effet, laquelle dressera procès-verbal de la
« ruine causée par la chute et des réparations à faire à ladite
« église pour ensuite sur ledit procès-verbal et par vous ordonner
« ce qu'il appartiendra, et le suppliant sera obligé de redoubler
« ses vœux et ses prières pour votre conservation.

« Pasquier, curé des Mesnus. »

L'évêque répondit, le 4 février, qu'il commettait le sieur Thieulin, curé de Neuilly, pour visiter, de sa part, l'église des Mesnus, voir et examiner les réparations qu'il conviendrait faire, juger la quantité et qualité comme aussi le prix des matériaux et bois qu'il faudrait employer, ainsi que les sommes à payer aux ouvriers pour la façon et la main-d'œuvre, et lui adresser du tout un procès-verbal pour en ordonner ce que de raison.

Les travaux de restauration se menèrent assez rapidement ; le clocher fut relevé non plus comme précédemment, en forme de flèche, mais dans la forme hexagonale : c'est le clocher actuel. En 1710, on fit refondre la grosse cloche ; elle eut pour parrain le dernier prieur commandataire de Moutiers avant les Evêques de Blois : Pierre Meliand, seigneur, baron et châtelain de Moutiers, Mesnus et autres lieux, fils de M. de Meliand, conseiller à la grande chambre du Parlement de Paris, la marraine fut Elisabeth-Charlotte de Belleau, épouse de Pierre-Alexandre d'Escorches. La petite cloche ne fut fondue qu'en 1734, elle fut bénie par Louis Jouan, curé de Neuilly, à la prière de maître Martin Pasquier ; Pierre-Alexandre d'Escorches fut son parrain, et Marie Blanchoin de la Hélière, veuve de Gilles d'Escorches, sa marraine. Cette dernière cloche fut fondue par Nicolas Goujon, fondeur à Paris, rue de Vaugirard, paroisse St-Sulpice. Elle pesait environ cinq cents livres et la grosse huit cent trente (1).

Maître Pasquier resta quatre ans encore curé des Mesnus. En 1738, encore fort et vigoureux quoiqu'âgé, nous dit un de ses successeurs, il revenait de Châteauneuf-en-Thimerais ; surpris par l'orage, il voulut pousser son cheval afin de gagner Digny, mais la foudre le tua, lui et son cheval, presque vis-à-vis le clocher d'Ardelles. Il fut inhumé dans l'église d'Ardelles (2).

Cette mort imprévue ne permit pas à M. Pasquier de mettre ordre aux affaires assez embrouillées de son église et de son presbytère. Aussi ses héritiers furent-ils attaqués par le trésorier Thomas Couillin, en restitution de sommes importantes et réclamation de dommages et intérêts pour différents dégâts faits aux biens de la

---

(1) Voici qu'elles étaient les conditions de ce marché : Le sieur Goujon s'oblige à fondre la cloche et à la rendre parfaite et accordante avec la grosse ; les paroissiens fournissent au sieur Goujon six livres de métal par cent pour le déchet de la fonte, suivant le poids qui en sera fait avant de la leur livrer et autres 50 livres de métal pour la pouvoir faire accorder avec la grosse cloche. S'il reste du métal, le citoyen Goujon s'engage à le prendre et le payer à 24 sols la livre, comme aussi les paroissiens se soumettent à le payer au même prix si le sieur Goujon y a employé au-dessus de la quantité de 50 livres. Le marché fait moyennant la somme de 65 livres pour toutes choses, de laquelle il a été payé comptant, par François Bachelier, la somme de 10 livres par avance et le reste sera payé aussitôt après la fonte et réception de la cloche.

(2) Louis Jouan, curé de Neuilly, fut comme maître Pasquier emporté par une mort tragique. Le curé des Mesnus Gagné, qui était de la Porcherie, en Neuilly, nous dit que maître Jouan, revenant de voir son père avec lequel il était très lié, fit une si malheureuse chute de cheval qu'il se tua.

cure. Le 24 mai 1741, il adressa au bailli de Moutiers une requête contre Julien Pasquier, curé de Brunelles, et Benoit Pasquier, marchand à Nogent-le-Béthune (le Rotrou), frères et héritiers du défunt curé des Mesnus. Entr'autres choses on y disait « que ledit
« curé était à sa mort redevable envers la fabrique de sommes
« considérables, notamment parce que ledit sieur curé avait géré
« et administré les revenus de la fabrique pendant cinq ans et
« n'avait rendu aucun compte, avait reçu et mis en poche plu-
« sieurs reliquats d'autres trésoriers, s'était approprié sans au-
« cune proclamation et autorité une grange de 35 à 40 pieds de
« long, avait abattu plusieurs chênes, pommiers, poiriers, tant
« dans le cimetière du lieu que sur les autres fonds de ladite
« église, pour jouissance de ces fonds et sans en avoir jamais
« rien payé, avait reçu et mis à son profit des amortissements de
« rentes ainsi que des legs faits à l'Eglise en argent, avait vendu
« et aliéné des biens-fonds sans aucune autorisation, enfin se-
« questré et emporté la plus grande partie des titres, papiers et
« enseignements de la Fabrique que ses héritiers ont jusqu'à ce
« jour refusé, quelque demande honnête qui leur en ait été faite
« par les sieurs curé, trésorier et habitants des Mesnus. Et,
« comme lesdits sieurs Pasquier se jouent et badinent de la com-
« plaisance des susdits, ils se trouvent obligés d'avoir recours au
« bailli de Moutiers, pour empêcher la ruine totale de leur Fabri-
« que et demandent de saisir tout ce qui se trouvera chez les hé-
« ritiers Pasquier en garantie de ce qui est dû à la Fabrique. »

Cette requête, un peu virulente, s'explique difficilement, surtout en ce qui concerne les titres, en présence de la lettre écrite à l'Evêque de Chartres, un an auparavant, par le curé de Brunelles. En voici la teneur :

« Monseigneur,
« Les papiers de l'Eglise des Mesnus, que j'ai trouvés parmi
« ceux de feu mon frère, auraient été remis au Trésor et à M. le
« curé si j'avais été au pays dans le temps qu'on a levé le scellé,
« mais j'estois à Paris pour un procès que Mme Rossignol, an-
« cienne abbésse d'Arcisse (1) m'a fait au sujet de dixme de ma
« paroisse dont elle voulait me déposséder. Ayant perdu cette
« occasion pour remettre ces papiers sans qu'il y ait eu de ma
« faute, j'ai cru que je pouvais attendre au jour qu'on doit rece-

---

(1) L'abbaye d'Arcisses, située sur Brunelles, à trois kilomètres de Nogent-le-Rotrou, fut une fondation de Rotrou III et date du 8 septembre 1225. Les moines de Tyron la possédèrent jusqu'en 1627, époque où l'évêque de Chartres, Léonor d'Etampes, y établit des bénédictines qui y restèrent jusqu'à la Révolution. Jeanne-Françoise Rossignol, dont il s'agit ici, fut la quatrième abbesse et gouverna de 1726 à 1739.

« voir les réparations du presbytaire, afin que par un seul et
« même acte on me décharge de l'un et de l'autre. Vous pouvez
« bien croire, Monseigneur, que je n'ai nulle envie de retenir ces
« papiers qui ne me sont d'aucune utilité.

« Je suis avec un très profond respect, Monseigneur, votre très
« humble et très obéissant serviteur.

« J. Pasquier, curé de Brunelles. »

Quoiqu'il en soit, le curé de Brunelles et son frère comparurent devant le bailli de Moutiers et le sieur d'Escorches de Boutigny, procureur élu dans cette affaire, les papiers furent restitués, les héritiers versèrent, en dédommagement des préjudices causés à la Fabrique, la somme de 1,800 livres et l'affaire fut terminée.

1738-1742. Esprit de St-Michel, décédé à la cure des Mesnus, à l'âge de 73 ans, le 4 avril 1742, il habitait avec sa sœur Elisabeth de St-Michel, qui décéda le lendemain 5 avril et fut inhumée dans l'Eglise.
1742-44. Cornu.
1744-46. de Nully, vicaire, est nommé desservant, par commission de l'Evêque de Chartres, en attendant la nomination du curé.
1746-1778. Pottier, décédé au presbytère en 1778, dix ans après la résignation de sa cure entre les mains de son successeur.
1778-92. Gagné ou Gangné, né au village de la Porcherie, paroisse de Neuilly-sur-Eure, signa son dernier acte comme curé des Mesnus le 12 septembre 1792. Que devint-il jusqu'en 1806, date de sa mort? Une tradition respectable affirme qu'il resta caché chez les d'Escorches, au Bois des Menus, pendant le plus fort de la tourmente révolutionnaire. Dans le pays on le crut émigré. Le douze germinal an II, les autorités des Mesnus firent un perquisition chez son frère, marié à la nièce de l'abbé Pottier, on s'informa de ce qu'étaient devenus les meubles du ci-devant curé; son frère répondit qu'il en avait peu laissé au presbytère, étant entré dans les meubles de son prédécesseur; qu'en partant il avait fait une vente du peu qu'il avait et emporté seulement le linge nécessaire à son gouvernement, et que pour le moment lui, Charles Gagné, n'avait d'autres souvenirs de son frère qu'une commode et quelques livres, une cinquantaine environ dont « les noms lui sont inconnus, et que, quant
« à la personne de son frère, il ne sait ce qu'il en est
« advenu. »

Sa franchise était-elle à l'abri de tout soupçon, je l'ignore, mais je crois la tradition d'une retraite dans le pays fort autorisée d'après les pièces que j'ai retrouvées.

Le curé des Mesnus qui était de Neuilly avait quelques possessions dans le pays; or, ayant passé pour émigré, ses biens avaient été confisqués au profit de la nation. Mais aussitôt que fut faite la promulgation du Sénatus-Consulte du six Floréal an 10, vite il fit réclamer contre ses droits lésés (1) et se fit délivrer par l'administration communale un certificat de présence qui lui faisait recouvrer ceux de ses biens qui n'avaient pas été vendus.

Un arrêté du préfet de l'Orne nous a renseigné à ce sujet.

« Vu, y est-il dit, la pétition présentée par les maire et adjoint des
« Mesnus, exposant qu'ils ont vu avec beaucoup de surprise que
« Mathurin Gagné, prêtre, leur ancien curé, ait été inscrit sur la
« liste des émigrés, vu qu'il n'a jamais quitté le pays, à cause de
« ses infirmités, ils demandent en conséquence être autorisés à
« recevoir le serment et renonciation que doit faire Mathurin
« Gagné en conformité du Sénatus-Consulte du six Floréal, at-
« tendu qu'il est en dehors d'état d'entreprendre aucun voyage ;
« Vu une pétition présentée par ledit Mathurin Gagné tendant aux
« mêmes fins : Vu un certificat donné par le citoyen Cazaubiel,
« officier de santé (maire du Pas-St-Lhomer), en date du 20 de ce
« mois, visé par les maire et adjoint de la commune des Mesnus,
« et le Sous-Préfet de Mortagne le 21, qui constate que Mathurin
« Gagné est attaqué d'un rhumatisme goutteux qui le retient au lit ;
« Considérant qu'il résulte des pièces produites que le pétition-
« nant est hors d'état de pouvoir se rendre à la préfecture pour y
« faire les serments et renonciation prescrits par la loi précitée ;

« ARRÊTE :

« ART. Ier. — Le maire des Mesnus est nommé commissaire
« pour recevoir de Mathurin Gagné prévenu d'émigration, les ser-
« ments et renonciation prescrits par le Sénatus-Consulte du six
« Floréal. En conséquence le maire se transportera à cet effet au
« domicile dudit Mathurin Gagné.

---

(1) Sénatus-Consulte relatifs aux émigrés, art. VII, titre Ier :
« Ceux qui sont actuellement sur le territoire Français seront tenus, sous peine de déchéance et de maintien définitif sur la liste des émigrés, de faire, dans le mois à dater de la publication du présent acte, devant le préfet du département où ils se trouveront, séant en Conseil de préfecture, les mêmes déclarations, serments et renonciation...

« 1º Déclaration, avec preuves qu'ils n'ont pas quitté le territoire ;
« 2º Serment de fidélité au gouvernement établi ;
« 3º Renonciation à tous titres ou décorations reçus des puissances étrangères. »

« ART. 2. — Il dressera procès-verbal de la prestation de ser-
« ment et renonciation lequel sera inscrit tout au long sur un
« registre ouvert à la préfecture en conformité du Sénatus-Con-
« sulte, etc.
  « *Le chef de bureau*, GISLAIN. »

M. Gagné mourut au presbytère des Mesnus, le 12 mars 1806, à l'âge de 75 ans, ayant repris ses fonctions de curé en 1804.

Il a laissé, sous le titre de « Notes historiques et instructives, touchant la fonte de nos cloches, » des détails curieux et originaux qui nous font connaître les mœurs de l'époque. Je ne puis naturellement reproduire toutes ces notes, mais je crois intéressant d'en donner une courte analyse.

La grosse cloche, qui datait de 1710, était fendue depuis longtemps, on s'en aperçut à la mort et surtout au service de messire Pottier, le 11 juillet 1788 ; on parla alors d'avoir de nouvelles cloches, on s'adressa à MM. Husson, père et fils, Colin et Rosier, leurs apprentis. En assemblée de paroisse il fut convenu que la grosse cloche pèserait 1400 et l'autre en proportion, que les fondeurs fourniraient tous les matériaux nécessaires, qu'ils donneraient une garantie d'un an et qu'ils n'emploieraient que de l'étain fin et du cuivre rouge ; qu'on le leur paierait employé 30 sols la livre et qu'au surplus on leur donnerait 400 livres pour la fonte desdites cloches. Sur ce, les fondeurs se mettent à l'ouvrage (2), préparent leur fourneau et leurs moules et on descend les anciennes cloches. Les fondeurs les avaient estimées à 1,400 livres. Erreur ou mensonge, dit M. Gangné, et vraisemblablement l'un et l'autre ; on les pesa, elles ne donnèrent que 1,092 livres.

Elles furent fondues le 8 juillet 1789 et tirées de terre le 9 (1). On se mit « tumultairement » à peser les nouvelles avec les

---

(1) Voici l'acte d'inhumation de M. Gagné écrit de la main d'un confesseur de la foi, Louis Robert d'Escorches, ancien curé d'Yèvres, interné aux Jacobins de Chartres en mars 1793 et à Rambouillet en novembre, et qui revint se fixer aux Mesnus après les troubles révolutionnaires.

« Le 12 mars 1806 a été inhumé par nous, curé de Neuilly, sous signé, le corps de vénérable personne Mathurin Gangné, curé desservent de cette paroisse, décédé d'avant hier, dans la soixante seize yème *(sic)* année de son âge, après avoir édifié l'église autant par ses lumières que par son zèle infatigable et la parfaite intégrité de ses mœurs ; l'inhumation faite en présence du sieur Charpentier, entien *(sic)* curé et son confesseur, Garnier, curé desservent de Moutiers, Mitouard, desservent de Manou, Levassor, desservent de Fontaine-Simon, de Boutigny, entien curé de Yèvres, et les parents du défunt. »

(2) Ils établirent leur fosse près le cimetière et aujourd'hui on montre encore l'endroit où furent fondues ces deux cloches, dont l'une, la grosse, est encore dans le clocher.

mêmes poids, cordages et balanciers que les précédentes, la grosse portait 1,513 livres, l'autre 1,122. Cela nous parut exhorbitant, dit le curé des Mesnus, la grosseur ne répondant pas au poids ; on recommença avec plus de précaution : la grosse se trouva réduite à 1,282 livres, la petite à 953. De là, contestation avec les fondeurs et sommation juridique de se trouver à jour et heure fixes, pour procéder à une pesée régulière faite par experts. On fait venir la Romaine du Moulin-Renaud (2) avec ceux qui la mènent ordinairement, mais les fondeurs refusent de se présenter ; on procède au pesage devant notaire et devant témoins étrangers à la paroisse ; nouvelle différence : la grosse ne pèse que 1,260 et la petite 935 (3). Alors on pense à les bénir ; la cérémonie est fixée au 15 juillet ; c'est à M. de Bonne, curé de Manou, qu'est déféré cet honneur comme plus ancien des prêtres invités. Le parrain de la grosse cloche est Claude-François d'Escorches, seigneur de Loisey, et la marraine Marie-Louise d'Escorches, sa sœur. La petite a pour parrain Mathurin Gagné, curé, et pour marraine Renée de Gastel, veuve de Magny (4).

On monta les cloches ; elles sonnaient depuis un an quand reparurent les fondeurs qui consentirent à faire une transaction et finirent par s'arranger à l'amiable (5). Mais cet épisode fit naître dans l'esprit de M. Gagné quelques réflexions, qui alors pouvaient être pratiques, qui aujourd'hui ne le sont plus.

(1) Le clergé présida en habit de chœur à l'opération et aussitôt le coulage terminé, entonna le *Te Deum*.

(2) Le Moulin-Renaud, haut-fourneau situé sur la paroisse de la Magdeleine-Bouvet, aujourd'hui abandonné, mais qui eut au siècle dernier et dans la première moitié du nôtre une importance telle qu'il occupa près de 200 ouvriers. A l'heure où j'écris, il est en pleine démolition et les matériaux qui en proviennent sont en vente. Il ne restera que la maison de maître du XVIe siècle qui doit être appropriée prochainement par le propriétaire, M. de Perigny.

(3) Ces deux cloches portaient en inscription l'une « Je suis prise pour peser 1,400 », l'autre « Je pèse environ 1,100 ». La première, qui est encore dans le clocher des Mesnus, donne donc une fausse indication puisqu'elle ne pèse en réalité que 1,260.

(4) M. et Mlle Descorches sont les enfants de Mme Blanchoin de la Hélière, veuve de Gilles Descorches et marraine de l'ancienne petite cloche. J'aurais voulu aussi que M. de Boutigny, fils du parrain de cette même cloche, eut nommé une de nos nouvelles ; ce que je n'ai pu obtenir, quelques instances que j'aie faites auprès de lui, il ne m'a pas célé que cette cérémonie entraînant de la dépense de sa part, il aimait mieux remercier que de ne pas faire les choses comme il convenait ; il m'a donc fallu prendre sa place, d'autant plus que ma parente, Mme de Magny, a déclaré qu'elle remercierait si je refusais d'être parrain. *(Note de M. Gagné.)*

(5) Dépenses faites pour nos cloches :
Elles nous reviennent de la part des fondeurs, y compris les fontaines

« La renommée générale, dit-il, publie qu'il ne faut pas trop se fier aux Lorins (Husson et Cie étaient de la Lorraine), on ne saurait avec eux prendre trop de précautions en pareilles conjonctures, voici celles qui se présentent à mon esprit, chacun en fera l'usage que lui dictera sa prudence.

1º Ne faites point de marché par écrit qu'il ne soit sur papier marqué, pour l'avoir écrit sur papier libre nous aurions été en contravention si l'affaire avait été portée au Fort Contentieux. C'est en partie ce qui nous a engagé à un accomodement où nous avons plus gagné qu'à payer l'amende; car elle est de 200 livres selon les lois financières actuellement existentes dans le Royaume;

2º Si vous vous connaissez en métal, choisissez-le vous-même ou faites en faire l'acquisition par des personnes affidées; on a prétendu, pourtant sans preuves authentiques, qu'il y avait trop d'alliage dans le nôtre; comme l'étain est à bien meilleur compte que le cuivre, des vues d'intérêt, à parler en général, sont propres à accréditer ce soupçon;

3º Il y en a qui portent à défiance envers les fondeurs jusqu'à prétendre qu'ils forment un réservoir à côté du moule pour dérober la vue de l'excédent du métal qu'on lui a fourni, c'est en conséquence de ce préjugé et de bien d'autres que certaines fabriques ont un ou deux hommes à gage pour suivre les opérations de ces Lorins, surtout de l'instant qu'elles leur délivrent le métal. Cet inconvénient est moins à craindre et vraisemblablement ne l'est point du tout quand ce sont eux qui le fournissent. Seulement craignez et empêchez alors l'excès de l'étain; on dit qu'ils en jettent deux bons lingots dans le fourneau avant de couler nos cloches; il est vrai que l'étain fondant bien plus vite que le cuivre, ils y auront de la perte à l'exposer de trop bonne heure à un feu très ardent et qui dure au moins trois heures; je ne puis

---

de cuivre, c'est-à-dire ce sur quoi portent les tourillons, objet qui ne fait point partie du marché. . . . . 2,193 l. 10 s.
Pour Langlois, maréchal à la Villedieu, pour les battants
et toute la ferrure . . . . 250 »
Pour le charpentier. . . . . 123 »
Pour le bois des hunes exploité. 20 10
Pour les autres bois et la voiture . . . . 30 »
Pour la descente des anciennes cloches et les lucarnes
qu'il a fallu faire pour donner du jour ou plutôt du son. . 60 »
Pour deux cordes neuves. . . . . 25 »
J'omettais par oubli les courrois d'environ . . . . . . 9 »

Sauf erreur de calcul, voilà un total de. . . . 2,711 l. » s.
(Note de M. Gagné.)

donc les condamner en supposant même le fait avéré; néanmoins, avis au lecteur;

4° C'est surtout sur la manière de peser qu'il faut avoir les yeux ouverts et nous avons reconnu par notre propre expérience que le brancard est une balance fort fautive, puisque à chaque fois que nous nous en sommes servis avec le plus d'exactitude et de régularité possibles, nous avons trouvé différents poids. Que serait-ce donc si la fraude et la mauvaise foi dirigeaient l'opération ! C'est pourquoi, pour dernier avis, je conseille et je conseillerai toujours de faire peser, si les cloches ne sont point trop grosses, au poids du roi, et, dans l'autre cas, d'user de la plumée romaine, pourvu qu'elle soit maniée par une main tierce et désintéressée ; car autrement un peseur ignorant ou fripon est en état de vous faire perdre ou gagner cent livres de métal, sans même que les spectateurs puissent s'en apercevoir.

(Rédigé ce 16 septembre 1789 par moi, Gagné, ancien vicaire des Mesnus pendant neuf ans, ensuite curé de la Ville aux Nonains l'espace de douze et enfin curé des Mesnus depuis 1777 ; tout cela me mène à la porte de 60 ans.)

Cette digression, aussi intéressante qu'elle soit, nous entraîne loin de notre étude ; je termine cet article sur le clergé par deux mots sur l'exercice du culte religieux aux Mesnus pendant la Révolution. M. Gagné quitta ses fonctions en septembre 1792. En décembre arriva un prêtre assermenté du nom de Noyeau, il avait, pendant cinq ans, exercé son ministère à Moutiers-au-Perche; depuis la Révolution il avait élu son domicile à Moutiers-en-Beauce ; puis, en décembre 1792, était venu aux Mesnus où, pendant les quelques mois qu'il y resta, il fut peu considéré des paroissiens restés fidèles à leur culte. Il fut néanmoins appelé à certains postes officiels, tels que commissaire national pour le canton de Neuilly et commissaire enquêteur pour les approvisionnements, on lui offrit même la place de maire qu'il refusa; il célébra la messe jusqu'au 30 ventôse 1794 (20 mars) et les patriotes du pays se faisaient un devoir d'y assister. On mentionne toujours que les séances du dimanche se faisaient après la messe et parfois le maire a soin de noter qu'il y était en personne.

Le 30 ventôse an II, jour de Décadi, Noyeau vida le presbytère; et ses meubles, qu'il avait déposés chez André Angoulvent, furent saisis par l'administration communale. Il disparut du pays et alla se faire arrêter sur les côtes de Cherbourg. Le 13 vendémiaire an III (4 octobre 1794), le représentant Bollet fit prendre sur son

---

(1) Nous savons d'après les actes de l'époque qu'il ne portait pas l'habit ecclésiastique; la tradition du pays ajoute qu'il était marié, ce que je n'ai pu contrôler.

compte des renseignements, les municipaux des Mesnus répondirent qu'ils ne connaissaient rien à sa charge et demandèrent sa mise en liberté.

Jusqu'au rétablissement du culte, l'église des Mesnus resta déserte, nous verrons ailleurs quelle fut sa destination pendant ce laps de temps.

IV

Fabrique et Temporel.

Dans les siècles de foi qui nous ont précédés, tous les actes publics se concentraient autour du clocher et tous les intérêts de la famille chrétienne se réglaient dans la maison du Père de famille, dans l'église ; alors, comme aujourd'hui, c'était la maison de tous, mais aujourd'hui on y entre trop souvent en étranger ; on y entrait alors en enfant de la maison, c'est pourquoi rien d'extraordinaire à ce qu'on voulût tout ordonner, affaires matérielles comme spirituelles, devant le Père commun de la grande société chrétienne.

Les archives des Mesnus nous ont fait entrevoir quelques traits de ces mœurs administratives d'autrefois et successivement nous allons pouvoir assister, soit à une élection de *gager* ou *trésorier*, soit à une délibération faite *en assemblée de paroisse,* soit encore à une adjudication de terre, enfin nous pourrons nous rendre chez quelque paroissien à l'heure où il fera son testament et nous verrons ainsi quelle est l'origine des biens-fonds qui entretenaient notre église ; mais, auparavant, un coup d'œil rapide sur ce témoin séculaire des faits que nous étudions, aussi bien n'a-t-il personnellement rien qui puisse longtemps fixer l'attention de l'archéologue.

L'église des Mesnus n'a pas de style, elle est du XIIe siècle, surmontée à son entrée par un clocher octogonal (1) qui date de 1703 et terminée à son chevet par une abside en hémicycle, appuyée de contreforts en grison ou poudingue, pierre assez commune dans le pays, surtout sur le Pas-Saint-Lhomer. Dans le cours des siècles on a peu touché à l'œuvre principale : les fenêtres seules, qui étaient de différents calibres et par ce fait produisaient un effet disgracieux, ont été heureusement reconstituées toutes sur le même plan et dans la même mesure par le curé actuel, M. Guihery (1890) (2). A l'intérieur on a fait des changements ou

(1) P. 15, ligne 5, on a par erreur écrit « hexagonal ».
(2) La voûte en bardeau a été remise à neuf la même année.

réparations qui, toutes importantes qu'elles aient pu être, nous intéressent peu en elles-mêmes ; voici les plus marquantes :

En 1724, Dumay, peintre à Chartres, rafraîchit, pour la somme de 150 livres, deux tableaux, dont l'un est de N.-D. de Pitié, l'autre de J.-C. en croix.

En 1767, on passe marché avec Jacques Renoult, peintre à Saint-Hilaire-de-Nogent, pour la peinture des trois autels et des murs de l'église, à 450 livres.

En 1775 et 76, on employa une somme de 1,082 livres à la restauration de la charpente et de la couverture du clocher ; enfin, vers 1780, l'autel fut reculé jusqu'au fond de l'abside où il est aujourd'hui et la sacristie construite à droite de l'avant-chœur, mettant ainsi en communication directe le presbytère et l'église (1) ; l'arrière-chœur fut séparé par une balustrade en fer forgé qui sert de table de communion et sur les portes de laquelle on retrouve les chiffres de Mathurin Gagné et de son prédécesseur François Pottier. Elle fut faite par Baumard à Brezolles pour 290 livres ; dans la même année on acheta à Paris, Porte-Saint-Antoine, des fonds baptismaux qui revinrent à 136 livres.

Telles sont, avec la refonte des cloches, les modifications principales que j'ai saisies au vol parmi les liasses de reçus que j'ai entre les mains. Laissons les autres et, après ce rapide coup d'œil jeté sur notre église, voyons un peu ce qui va se passer au Banc-d'Œuvre ou, comme on le disait alors, à la Tablette.

C'est aujourd'hui jour d'assemblée (2) générale et jour de dimanche, la messe vient d'être chantée, on va publiquement élire un Trésorier. MM. les curé et vicaire du lieu l'ont annoncé verbalement au prône « par différents jours de dimanches et festes » (3) ; on a convoqué M⁰ Charpentier le jeune, notaire et tabellion des baronnie et châtellenie de Moutiers et paroisses y annexées et, à l'issue de la messe, on a sonné la cloche, en la manière ordinaire et accoutumée, et tous les notables habitants (4) et paroissiens d'icelle paroisse des Mesnus se sont réunis autour du banc des *gagers de l'œuvre de la Fabrique ;* en tête, nous apercevons Pierre-Alexandre d'Escorches, sieur de Boutigny et

---

(1) Les matériaux dont elle est construite, ainsi que les marches du chœur proviennent des démolitions du prieuré de Moutiers.

(2) Ces assemblées se tenaient deux fois l'an au moins ; l'une pour l'élection des *gagers*, l'autre pour l'arrêt de compte du *trésorier*. (Régl. de 1737.)

(3) On devait même convoquer par billet ceux qui avaient droit d'y assister et ce deux jours à l'avance. (Régl. de 1737.)

(4) Les notables étaient ceux qui étaient cotisés à 100 livres au moins, mais comme on n'en trouvait pas toujours assez, alors on prenait les plus haut cotisés.

Gilles-François d'Escorches, sieur de Rumien, le syndic Robert Coignard, puis Michel Angoulvent, François Normand, Martin Passard, François Mercier, ci-devant trésoriers et quelques autres notables; ils sont réunis en la présence et du consentement de maître François Pottier, prêtre, curé de la paroisse, pour délibérer des affaires de la Communauté et particulièrement ce jourd'hui pour nommer deux d'entre eux et des plus capables pour *trésorier* et *marguillier de l'œuvre,* pour chacun deux années seulement, lesquelles ont commencé le jour et fête de *Quasimodo* dernière, pour finir à pareil jour, sans intervalle de temps. A l'unanimité, Jacques Tranchard et Mathurin Langeoire sont élus; Langeoire promet de bien et fidèlement s'acquitter de sa charge, mais Tranchard refuse. Alors les dits sieurs curés, Boutigny, Rumien et autres délibérants ont persisté dans la dite nomination, et pour faire signifier ces présentes au dit Tranchard et le faire condamner d'exercer la dite charge, tous les dits délibérants ont constitué pour leur procureur général et spécial le sieur curé. Ainsi a-t-il été fait et Jacques Tranchard a dû de force s'acquitter de la charge qu'il n'avait point voulu accepter de bon gré (1).

Et quand, dans deux ans, il faudra rendre compte de son mandat, de nouveau il faudra comparaître devant ses concitoyens réunis en assemblée générale; cette fois ils seront tous là ou à peu près; on ne perd point de vue cet axiôme : *Quod singulos tangit, debet a singulis approbari;* chacun y est pour soi, chacun a payé de ses deniers : tous ont droit de savoir l'usage qui en a été fait. Et puis, peut-être l'évêque ou son représentant seront-ils là; en 1724, Mathurin Langot a rendu ses comptes devant l'archidiacre de Dreux, de Mattaincourt; et notre trésorier sait que ce n'est point là un fait en passant et qu'il n'est pas rare (2); il n'ignore point que, s'il n'a pas justifié ses recettes et ses dépenses avec la plus scrupuleuse exactitude, il sera mandé à Chartres au tribunal de l'évêque; il n'a pas oublié qu'il y a quelques années, en 1741, huit trésoriers furent ainsi assignés à la requête du Promoteur de l'Officialité de Chartres et de maître Esprit de Saint-Michel, curé des Mesnus. René Courtin, huissier royal au baillage et siège présidial de Chartres, demeurant à Pontgoin, assigna : François Couillin, du Bois des Mesnus; Thomas Besnard, de la

(1) Le 21 avril 1760, on fit une élection de *trésorier*, après la procession et avant la grand'messe.

(2) François Tranchard, en 1765, et Mathurin Aubert, en 1767, rendirent compte devant l'évêque de Chartres et son vicaire, M. de Flammarens, en 1762, Michel Meunier devant Blanquet, archidiacre de Dreux. En 1711, les comptes du curé Pasquier et de Descorches sont présentés à Jean-Baptiste Maubuisson, licencié en droit, chanoine de Chartres, accompagné de Christophe Joly, curé de Gellainville, son secrétaire.

Charbonnière ; André Perche, tailleur d'habits à la Cognardière ; Louis Bordeau, du Grand-Boulay ; Gilles-François d'Escorches, du Petit-Boulay ; Pierre Huet ; Françoise Verger, veuve de François Bachelier, de la Tasse ; Jacques Langot, des Loges, pour comparaître tous, dans les huit jours, devant l'official de la ville et évêché de Chartres ou son vice-gérant, pour se voir condamner à rendre compte de la gestion et administration par eux faite des revenus et biens de la Fabrique pendant leurs années de *gagerie* et à payer le reliquat avec intérêt, à quoi faire ils seront contraints jusqu'à la somme de trois cents livres, huit jours après la signification de la sentence.

Cette responsabilité assez grave et la mise en jeu de ses deniers personnels pour couvrir au besoin des dettes de Fabrique non acquittées, les poursuites parfois nécessaires vis-à-vis des fermiers et débiteurs du Trésor, les reliquats de compte à recouvrer et parfois la contrainte par corps à imposer pour obtenir ces recouvrements, l'hypothèque inscrite sur ses biens à partir du premier jour de son administration (1), voilà ce qui avait fait refuser à Jacques Tranchard la charge honorable sans doute, mais un peu lourde, de trésorier ; forcé de l'accepter, il va, comme Mathurin Langeoire, s'en acquitter « bien et fidèlement ».

Aussi va-t-il écouter attentivement la lecture des comptes de son prédécesseur ; plusieurs fois déjà il a assisté à pareille séance, mais il n'y a jamais été aussi intéressé qu'aujourd'hui ; tout à l'heure il vient d'être élu trésorier en charge et il faut qu'il sache en quel état Michel Angoulvent, son devancier, lui laisse les affaires du Trésor. C'est à l'issue des vêpres que l'assemblée va se tenir, il ne manquera pas d'y assister et à la tête des notables ; nous nous placerons à côté de lui et ainsi nous entendrons mieux l'intéressant rapport de Michel Angoulvent, l'ancien mandataire.

Tous les habitants sont là, convoqués dimanche dernier au prône pour examiner aujourd'hui, jeter, calculer et arrêter ledit compte ainsi qu'il est présenté, sous les réserves de droit de part et d'autre d'augmenter ou diminuer si le cas échoit. A la tablette nous apercevons François Pottier, curé ; le sieur de Boutigny, commissaire examinateur des comptes ; notre trésorier en charge et le *syndic* Robert Cogniard, laboureur au Bois-des-Mesnus ; Michel Angoulvent a pris la parole ; il rend compte des fermages, des arrérages rentrés au Trésor, des reliquats de compte qu'il a touchés de ses prédécesseurs, des quêtes et des droits d'inhumations, le tout pour les années 1749 et 1750.

(1) Ordonnances de 1667 et du 20 octobre 1678.

L'église n'est pas riche, sans doute, mais elle n'a rien à envier à ses voisines, elle est « à l'aise » ; elle a des biens-fonds, non seulement sur la paroisse, mais aussi en dehors ; il n'y a pour ainsi dire pas de famille sur les Mesnus qui ne soit tributaire du Trésor ; ils sont trente fermiers de la Fabrique ; sans doute chaque rente n'est pas forte, mais le tout forme une somme fort honnête. L'un possède un arpent dans la Vallée-du-Vin, il en fait 7 livres 5 sols ; un autre en a deux aux Perruches, il n'en donne que 7 livres des deux ; un troisième jouit du jardin de St-Maixme et de trois quartiers de terre aux Ecouvens pour 10 livres 6 sols ; Thomas Couillin a cinq quartiers de terre sur le côté de la Mariette et un arpent et demi de pré à la Fosse-à-Terre, pour 12 livres 15 sols ; Michel Guillet en a deux arpents dans la pièce des Loges pour 9 livres et François Guillemin un demi-arpent aux Eaux-Mélées pour 10 sous, etc., etc. Tous ces fermages ont produit pendant deux ans 455 livres 44 sols, il y a 50 livres d'arrérages et 680 livres de reliquats de compte ; les quêtes n'ont pas été brillantes, elles n'ont donné que 3 livres et le droit d'ouverture de fosse dans l'église 18 livres, chaque droit étant de 6 livres, ce qui a donné 1,209 livres 17 sols de recette ; on a trouvé cela excellent et en marge on a écrit « bonne recepte », d'autant que les dépenses n'ont atteint que la moitié de cette somme.

On a versé entr'autres à maître Pottier, curé, la somme de 100 livres 17 sols pour l'acquit des charges de fondation, le *grand* et le *petit pain à chanter* et les registres ; 30 livres à Allain, orfèvre à Chartres, pour une patte d'argent au soleil d'or qu'il a vendu 70 livres ; à François Buat, couvreur à Longny, pour avoir recouvert à neuf le petit dôme du clocher et avoir tout fourni clous, lattes et ardoises et avoir redressé la croix dudit clocher, 100 livres ; à Petit, marchand à Chartres, 53 livres de dentelles ; à Foucault, aubergiste à Moutiers, pour le dîner des chantres, après la procession des Rogations que la paroisse des Mesnus faisait à Moutiers chaque année, 6 livres pour deux ans, etc., etc.

Michel Angoulvent a terminé la lecture de ses comptes, la cloche qui a sonné l'ouverture de la séance, annonce la fin et on termine avec les solennités prescrites.

Ces solennités comportaient un autre cérémonial lorsque les comptes se rendaient devant les autorités diocésaines, je crois intéressant de reproduire ici le procès-verbal d'une de ces visites.

« L'an 1729, le vendredi 22e jour d'avril, nous Louis-Charles de Braille, docteur en théologie de la maison et société de Sorbonne, chanoine de l'église cathédrale de Chartres, en vertu de la commission à nous donnée par Mgr l'Evêque de Chartres en date du 20e d'avril de la présente année, pour de sa part et en son nom, visiter les paroisses et chapelles de son diocèse dans l'étendue du doïenné de Brezolles et d'y faire et ordonner ce qui conviendra, étant accompagné de Valentin Charpentier, prêtre, curé et administrateur de l'Hôpital rural des Six-Vingts de Chartres que nous avons pris pour notre secrétaire dans le cours de nos visites, nous nous sommes transportés, sur les six heures après midy, en l'église paroissiale de Saint-Laurent des Mesnus, où nous avons été reçus au son des cloches à la tablette de cette église par M. Martin Pasquier, prêtre et curé de laditte église, qui nous a présenté l'étole et la croix à adorer, le goupillon et l'eau bénite dont nous avons faite l'aspersion sur le peuple, avons ensuite entonné le « *Veni Creator* » que nous avons continué étant conduit processionnellement au maître-autel, où nous étant mis à genoux avons adoré le St-Sacrement, chanté le verset « *Emitte* » et dit l'oraison « *Deus qui corda* », puis avons entonné l'antienne « *Regina cœli* » avec le verset et l'oraison, après quoi avons chanté le verset « *Tantum ergo* » le verset et l'oraison, visité le St-Sacrement et en avons donné la bénédiction, ensuite sons *(sic)* allés processionnellement aux fonds batismaux en chantant le répond « *Christus resurgens* » et y étant arrivés en avons fait la visite et celle des vases sacrés lesquels n'avons pas trouvés convenables, pourquoi avons ordonné qu'il en sera achepté d'argent ; que le tabernacle sera doublé d'une étoffe de soie et qu'on fera affermir le pied du calice, avons aussi ordonné qu'on réparera incessamment la couverture du clocher. »

Trois comptes sont à examiner : Charles de Braille en remet l'examen au 23 mai, parce qu'il est trop tard ; ce sera à six heures du matin à la tablette ; on en avertira les habitants dimanche prochain et le dimanche précédent ; il autorise le curé et les gagers à construire un banc pour les gagers, une balustre à hauteur d'appui qui sépare le chœur d'avec la nef, deux troncs, l'un pour les quêtes et offrandes de la Ste-Vierge, l'autre pour les Trépassés, il y aura deux clefs prohibitives remises au curé et au trésorier ; on réparera quelques ornements ; on fera un inventaire des titres et papiers sur papier timbré que l'on mettra dans le coffre, on réparera les grilles et on récrépira les murs du cimetière. Le procès-verbal se termine ainsi : « Avons du reste trouvé l'église en assez bon état ; fait et arrêté à la tablette, en présence du sieur curé de la dite église, de M. le curé de la Ferrière-au-Val-Germond et de plusieurs habitants qui ont signé avec nous et avons remis nos droits de visite (1). »

(1) Ces visites devaient être annoncées au moins quinze jours à l'avance et les trésoriers étaient tenus d'y présenter leurs comptes. (Art. 17. Edit. d'avril 1695.)

Tous les comptes de Fabrique que j'ai retrouvés, qu'ils soient rendus devant les habitants ou devant l'autorité diocésaine, suivent toujours la même marche et le même cérémonial; ils sont au nombre de 27. Le plus ancien est celui de Pierre Guillet présenté par sa veuve, 1667 et 1668; il s'en trouve un autre de 1553, rendu par Jean Pasquier, mais qui étant fort usé est devenu par là même d'une lecture difficile; le plus récent est de Toussaint Besnard, 1783; ils sont tous accompagnés de leurs reçus et tous ces documents présentent un certain intérêt au point de vue du prix des denrées, de la main-d'œuvre, des matériaux, voire même des objets d'art. Ainsi, en 1771, une croix de procession fut payée à Porcher, orfèvre à Paris, 511 livres (1). En voici le détail donné par Porcher :

La croix pèse 6 marcs 4 onces 6 gros 1/2,
   à 52 livres le marc, fait. . . . . 321 livres.
Contrôle.. . . . . 31 —
Façon à 13 livres le marc. . . . . . . 78 —
Douille de cuivre.. . . . . 3 —
Bâton argenté, argent haché. . . . . . 54 —
Caisse et emballage. . . . . 2 —

Dans la même année on paya aux dames carmélites de Chartres pour chapes, chasubles et autres ornements tant neufs que vieux, 424 livres; au sieur Loré, orfèvre à Chartres, pour cinq vases d'argent servant aux saintes Huiles, 47 livres, et une coquille d'argent pour les baptêmes, 19 livres. Chaque année nous retrouvons régulièrement les 3 livres pour le dîner des chantres à Moutiers après la procession des Rogations, ainsi que celui du porte-croix et du porte-clochette; il eut été curieux d'avoir le menu de ces repas servis à 10 sols par tête à une demi-douzaine de personnes qui, ayant parcouru deux lieues en chantant, ne devaient point certes manquer d'appétit. En 1765 et 66, le banc du curé et celui de M. de Magny sont inscrits à 10 sous par an; c'était une redevance fort modeste et qu'alors on n'inscrivait au compte que dans les recettes insignifiantes; les églises ayant, à cette époque, leurs biens-fonds pour s'entretenir se trouvaient dispensées d'affermer les places et bancs, les spoliations de 93 ont seules été cause de cet impôt volontaire aujourd'hui payé par les fidèles de chaque paroisse.

Les reçus du receveur des décimes de Chartres nous indiquent la quote part de la Fabrique des Mesnus dans la contribution fournie au roi par le clergé.

(1) Cette croix, aujourd'hui disparue, dût être envoyée à Mortagne, le 13 pluviose an II, avec les autres objets d'or et d'argent servant à l'église ainsi que les vases sacrés, comme nous le verrons bientôt.

29 sols 10 deniers pour don gratuit accordé au Roy en 1711.
16 — 3 —   —   —   1715.
8 — 11 —   —   —   1727.
14 — 5 —   pour la part des 2,000,000 livres imposés par l'assemblée de 1720, savoir : 1,750,000 livres pour remboursement d'une partie des rentes crées par le clergé depuis 1636 jusqu'à 1705, et 25,000 livres pour partie des rentes crées par les officiers provinciaux (1).
2 — » —   accordés à l'intendant général des affaires du clergé, messire de Senozan, pour supplément d'appointement (2).

Mais je n'ai pas entrepris de reproduire et de commenter les deux cents et quelques reçus qui servent d'appui aux comptes des trésoriers des Mesnus ; qu'il me suffise de dire qu'ils font honneur à l'esprit d'ordre de ces honnêtes administrateurs ; il ne faudrait pas croire cependant que tous aient mérité cet éloge, déjà nous avons vu que le curé Pasquier avait à sa mort laissé les affaires de la Fabrique dans un désordre regrettable et tout à l'heure nous avons nommé huit trésoriers qui n'avaient pas complètement justifié l'emploi des fonds du trésor et de ce chef avaient été appelés à en rendre compte à Chartres. Antérieurement à ces faits il s'était passé quelque chose de plus grave, des titres et des papiers de fabrique avaient été soustraits ; le ministère de l'huissier eût difficilement éclairci la question ; on recourut à un moyen assez fréquent alors, mais qui aujourd'hui aurait peu de chance de succès, on publia un *monitoire*, expédient employé dans les nécessités extrêmes (3).

(1) En 1636, le roi obligé de mettre sur pied cinq armées, demanda des secours à l'assemblée du clergé qui lui accorda un subside de 3,600,000 livres en un contrat de 300,000 l. de rente, remboursable au roi au denier douze. En dehors de ces impositions extraordinaires, il y avait ce qu'on appelait les dons gratuits établis vers 1694, dont les sommes étaient plus ou moins fortes, selon les besoins de l'Etat, et que le roi demandait à l'assemblée générale du clergé qui se tenait tous les cinq ans. En 1760, on estimait le don gratuit à 16 ou 18,000,000 pour cinq ans, c'était le don gratuit *ordinaire*, au paiement duquel servaient les décimes, la capitation et la subvention royale ; les dons gratuits *extraordinaires* étaient demandés au clergé par le roi en temps de guerre et dans les besoins pressants.

(2) Ces deux sols par livre étaient affectés aux dépenses de recouvrement, aux frais de bureau, aux remises accordées au receveur général et aux receveurs diocésains.

(3) Les monitoires étaient des lettres obtenues du juge ecclésiastique, c'est-à-dire de l'évêque ou de l'official, publiées au prône et affichées à la porte des églises et dans les places publiques, enjoignant, sous peine

Le 12 août 1686, Nicolas Eloy étant curé, Gilles Descorches, sieur de Boutigny, premier marguillier de S‍t‑Mesme des Mesnus, désirant faire l'inventaire des titres et papiers de la Fabrique ne put y arriver, « attendu, dit-il, qu'une grande partie
« sont détenus par divers particuliers, ce qui empêche de pouvoir
« percevoir le revenu du trésor, d'autant que les particuliers lui
« sont inconnus ; il ne peut les découvrir que par un monithoire
« en forme de droit, lequel il doute pouvoir obtenir de M. l'offi-
« cial de Chartres sans la commission du Bailli de Moutiers. »

Dans sa requête à Romet, bailli de Moutiers, il exposait ces raisons et terminait ainsi :

« Ce considéré, monsieur, attendu ce que dit est, il vous plaise
« permettre au suppliant d'obtenir monitoire en forme de droit
« de monsieur l'official de Chartres ou monsieur son « Vissegé-
« rant », pour avoir preuve des noms de ceux qui retiennent
« malicieusement les titres et enseignements dépendant du trésor
« de la dite église des Mesnus et ycelui faire publier et fulmi-
« ner tant en l'église du dit Mesnus qu'en autres lieux que le
« suppliant jugera à propos, pour, après les révélations données
« au monitoire, se pourvoir contre ceux qui se trouveront avoir
« entre leurs mains les titres, devant vous par telle voie qu'il
« jugera à propos et vous, faire justice.
                              « Descorches. »

Cette autorisation obtenue, le sieur de Boutigny en référa à l'official qui, le 14 mars 1687, fulmina le monitoire suivant :

« *Officialis Carnotensis, dilectis nostris paro [chia] lium Ecclesiarum, diœcesis Carnotensis rectoribus eorumque vicariis salutem in Domino* (1). »

« De la partie de Gilles Descorches, écuyer, sieur de Boutigny,
« principal marguillier de l'église des Mesnus, nous a été exposé
« par complainte et quérimonie, suivant la permission à lui don-
« née d'obtenir icelle par le sieur bailli de la châtellenie de Mou-

---

d'excommunication, de révéler les faits que l'on savait sur le contenu du monitoire ou de restituer ce que l'on aurait pris. On n'obtenait ces lettres de l'autorité épiscopale qu'avec une autorisation d'un juge subalterne, laïque ou ecclésiastique, et les curés ou vicaires étaient absolument tenus sous peine de saisie de leur temporel de les lire publiquement et de les afficher. C'était à la messe paroissiale et non aux vêpres que la lecture en devait être faite à haute et intelligible voix pendant trois dimanches consécutifs sous peine d'amende pécuniaire, et ceux qui l'avaient entendu publier étaient tenus de révéler ce qu'ils savaient sur ce monitoire, à celui qui l'avait publié ou à d'autres personnes nommées d'office.

(1) L'official de Chartres, à nos affectionnés curés des églises paroissiales du diocèse de Chartres et à leurs vicaires, salut dans le Seigneur.

« tiers, le 12 août 1686, pour avoir preuves par témoins qui
« sçavent que depuis plusieurs années certains quidams ont mal
« pris et sequestré des titres, papiers et enseignements concer-
« nant les biens et revenus de la fabrique du dit Mesnus,
« entr'autres des testaments portant legs, anciennes adjudications
« et comptes rendus à icelle fabrique. *Item,* qui sçavent que
« certain quidam, lorsqu'il était en charge de gager, emporta ou
« fit emporter de l'église dudit Mesnus, plein une poche de
« papiers tirés du trézor de la dite fabrique, sçavent en la pos-
« session de qui sont aujourd'hui lesdits titres et qui sont ceux
« qui les retiennent, dont et de ce que dessus circonstances et
« despendances, plusieurs ont bonne connaissance, soit pour
« en avoir sceu, conneu, veu ou apperceu, qui refusent en dire la
« vérité au grand préjudice du dit sieur complaignant (1);

« *Hinc est quod vobis mandamus quod omnes et singulos, prœ-*
« *missorum conscios, moneatis ad pronos missæ vestræ paro-*
« *chialiæ trinâ monitione ut si quod sciant ex prœmissis, vobis*
« *notificent intra novem dies proximos sequentes post has moni-*
« *tiones sic factas, alioquin nos excomunicamus, et excomuni-*
« *catos à nobis et auctoritate nostra publice moneatis.*

« *Datum Carnoti anno Domini 1687° die decima quarta mensis*
« *martii* (2).

    « Bouthier, off.   Berny, secret. »

Au bas de cette lettre on a écrit :

« Monsieur le curé advertira que ceux qui auront connaissance
« des faits annoncés au présent monitoire, s'adresseront à
« M. Pierre Bourgouin (3), qui se trouvera aujourd'hui, entre la
« messe et vêpres, au logis de Robert Huet et pour les autres
« jours à sa maison à Neuilly.

« Lu et publié selon la forme et teneur par trois dimanches
« consécutifs par moi, curé des Mesnus, soussigné, ce 5ᵐᵉ de
« juin 1687.   Langlois. »

---

(1) L'en-tête et la fin du monitoire sont les formules ordinaires de ces sortes de lettres, concernant plus spécialement le curé qui en devait notifier la teneur à ses paroissiens.

(2) D'où il est que nous vous mandons que vous préveniez au prône de votre messe paroissiale par trois monitions tous et chacun, conscients des faits susdits, que s'ils savent quoique ce soit, ils aient à vous en instruire dans les neuf premiers jours qui suivront ces monitions faites en la forme ci-jointe, autrement avertissez les publiquement que nous les excommunions et qu'ils se regardent comme excommuniés de notre autorité. Donné à Chartres l'an du Seigneur 1687, le 14 de mars.

(3) Pierre Bourgouin était garde-notte royal à Neuilly. Le 8 juin 1692, il reçut le testament de Marie de Brossard.

A ces époques de foi, de pareilles menaces d'excommunication avaient autrement d'influence et de succès auprès des populations que toutes les inquisitions ou visites de police ; aussi se servait-on de cet appel à la conscience publique, non seulement dans des causes ecclésiastiques comme celle-ci, mais encore dans beaucoup de causes civiles.

Les documents réclamés par Gilles d'Escorches furent rendus, au moins en partie, puisque nous les avons aujourd'hui ; les adjudications en particulier sont en nombre respectable, même celles qui précèdent 1686 ; il y en a plusieurs liasses qui forment un tout de 127 pièces antérieures à la date ci-dessus ; celles qui sont postérieures sont bien moins nombreuses.

C'était en assemblée de paroisse, à l'issue des vêpres et à la porte de l'église, que se faisaient et se signaient ces actes publics. On procédait par les annonces d'usage, comme pour les autres assemblées. Les vêpres terminées, la cloche sonnait l'ouverture de la séance ; nous avons assisté aux autres assemblées, ne manquons point celle-là, si nous voulons continuer l'étude de ces mœurs du vieux temps.

C'est le 14 mai 1730 ; Thomas Besnard, de la Charbonnière, est premier marguillier ; « les vêpres viennent d'être dits et célébrés en l'église de St-Laurent des Mesnus et le peuple sort d'icelle en affluence (1) ; François Giroux, tabellion de Moutiers, est arrivé, il est quatre heures après midi ; tous étant hors du lieu saint, ledit Besnard, en son nom de trésorier, crie, publie et bannye à haute et intelligible voix que les terres, préz et héritages dépendant du Trésor de ladite Fabrique sont à bailler et adjuger présentement, par devant maître Giroux, au plus offrant et dernier enchérisseur, pour le temps et terme de neuf années, neuf cueillettes, finies, révolues et accomplies, à commencer du 16 avril dernier passé et à finir à pareil et semblable jour. »

Alors on entre dans le détail des adjudications.

Martin Passard a pris trois quartiers de terre à la Cognardière pour.	61.	2 s.
Michel Rousseau : l'arpent du champ du Mêle pour.	4	»
Pierre Fourbet : trois quartiers de pré au Champtier-de-la-Fontaine-Chaude, en Fontaine-Simon, pour.	7	10
François Mercier : un quartier de terre à la Plisse pour.	1	»
Jacques Beaufils : cinq quartiers de terre à l'Épine-Garnier pour..	7	»

(1) Arch. de la Fabrique. Procès-verbal de l'assemblée du 14 mai 1730.

François Normand : cinq quartiers de terre à la Charbonnière et demi-arpent de pré aux Brossettes, pour . . . . : . . . . 11 l. 10 s.

Etc., etc.

Ce jour-là on en adjugea pour 67 livres.

En comparant le prix de tous ces loyers avec ceux d'aujourd'hui, on remarque que, terre pour terre, ils étaient trois et quatre fois inférieurs, parfois cinq ; tel champ, tel pré qui se louait 3, 4 et au plus 5 livres, se loue aujourd'hui au même endroit 15, 20 et difficilement 25 francs l'arpent ; les nouveaux engrais chimiques semblent devoir donner plus de qualité à ces terres en général assez médiocres : depuis quelques années, en effet, on y obtient des récoltes de blé supérieures à celles de Beauce.

Mais qu'importe à la Fabrique des Mesnus ? Ses trésoriers n'ont plus à s'inquiéter de la hausse ou de la baisse du prix des fermages : la Révolution les a délivrés de ce souci, nous allons bientôt voir comment ; il nous reste, auparavant, à nous rendre compte de la manière dont ces différents biens étaient entrés au Trésor.

Il s'est passé pour nos églises, dans les siècles qui nous ont précédés, la même chose que pour nos monastères : les biens des unes comme des autres avaient pour origine les donations pieuses, les legs, les aumônes faites en leur faveur par les particuliers, soit pour l'acquit de certaines intentions, soit par simple dévotion, soit encore pour obtenir dans l'église un droit de sépulture. Les seigneurs qui, au XIe et XIIe siècles, avaient fait bâtir sur leurs terres une grande partie de nos églises rurales, semblent pendant les derniers siècles avoir porté plus souvent les dons de leur générosité au monastère voisin et en général l'église paroissiale ne bénéficiait que de l'obole du manant ; aussi, dans les vingt-quatre testaments que j'ai sous les yeux, n'ai-je rencontré que trois actes de cette nature signés de main noble et encore sont-ils tous sortis de la même famille : ce sont ceux de Marie de Brossard, de Marguerite Mareschal, veuve de François de Brossard, éc^r, s^r de Frémond, et de mademoiselle de Frémond. En général, toutes ces offrandes sont fort minimes, mais loin d'être dérisoires, à une époque où la valeur de l'argent était autrement élevée qu'aujourd'hui ; c'étaient deux, trois, quatre sous tournois de rentes annuelles et perpétuelles, le plus souvent un coin de terre ou de pré dont la valeur vénale a été en augmentant à mesure que celle de l'argent diminuait, par suite de la découverte de l'Amérique qui a rendu l'or et l'argent moins rares et par conséquent moins précieux.

Notre plus ancien testament est celui de 1588 et le plus récent de 1734.

Tandis que les adjudications sont sur parchemin, les testaments sont presque tous sur papier et en majeure partie reçus par les curés ou par les vicaires; trois seulement sont reçus par les tabellions de Moutiers et deux par le garde-notes de Neuilly. C'était en effet un droit curial et vicarial de recevoir les testaments ou autres dispositions prises à l'article de la mort, mais seulement dans l'étendue du territoire où chaque curé exerçait sa juridiction, c'est-à-dire vis-à-vis de ses paroissiens, ce droit fut retiré aux vicaires par l'ordonnance d'août 1735. Les intérêts des notaires et tabellions n'en étaient nullement lésés, car, aussitôt après la mort du testateur, le curé était tenu, s'il ne l'avait fait auparavant, de déposer le testament ou autre disposition chez le notaire du lieu, s'il y en avait un, ou chez le plus prochain dans l'étendue du baillage, s'il n'y en avait pas dans la paroisse où était mort le testateur.

Sommes-nous curieux de savoir quel était le cérémonial de ce dernier acte public du moribond? Entrons à la Bertillière avec maître Pasquier, curé des Mesnus, au domicile de Pierre-Charles Perrot; c'est le 11 septembre 1734, Charles Perrot est au lit malade; il est mourant, mais toutefois sain d'esprit et d'entendement; maître Pasquier l'a constaté ainsi que les témoins; le malade ne veut point être prévenu par la mort, dont l'heure est incertaine, sans avoir disposé de ce qui regarde le salut de son âme, et des biens qu'il a plu à Dieu de lui départir. « Je me persuade, s'est-il dit, que le corps est en aventure et il me faut décidément penser aux choses d'en haut et me dégager des terrestres. » Ainsi s'est-il confessé et a-t-il communié. Il va maintenant faire son devis.

« Et d'abord, comme bon chrétien, a recommandé son âme, quand elle se séparera de son corps, à Dieu, le Père tout-puissant, à Jésus-Christ notre Sauveur, au Saint-Esprit, à la très sainte Trinité, à la glorieuse vierge Marie, à Monsieur saint Laurent et à Monsieur saint Maixme et à tous les saints, les priant d'être ses intercesseurs envers Dieu pour obtenir la rémission de ses péchés et que par les mérites de la mort et Passion de Jésus-Christ, il plaise au Père éternel lui donner son Paradis.

En second lieu, veut et ordonne que toutes ses dettes soient payées et que le tort qu'il pourrait avoir fait soit réparé par l'exécuteur de son testament.

Que lorsqu'il aura plu à Dieu de le retirer de ce monde, son corps soit inhumé au-dedans de l'église et que, le jour ou le lendemain, il soit fait un service pour le repos de son âme, et un autre service, huit jours après, au moins de trois grand'messes et vigiles, et pareil service au bout de l'an; veut et entend que, pendant l'année qui suivra son inhumation, il lui soit dit une messe chaque semaine pour le repos de son âme et de feus ses père et mère et il laisse à son frère tout ce qu'il a, à la condition de faire acquitter, pour la somme de 70 livres, cent quarante messes pour le repos de son âme ; il donne 10 l. au trésorier en charge pour être inscrit au « mortuologue » de l'église et être recommandé aux prières les quatre fêtes solennelles ; il nomme, pour exécuter ses dernières volontés, Jean Durand, couturier à la Bertillière. »

Ses dernières volontés ainsi écrites, on les lui a lues et relues, il a déclaré avoir bien compris et entendu et que c'est là son intention, mais a ajouté qu'il veut que ses hardes et ses habits soient donnés à Louis Durand pour reconnaître les bons soins qu'il a eus de lui pendant sa maladie, on les a estimés à 10 livres.

Notre malade n'aura plus qu'à recevoir maintenant les saintes Onctions. Bientôt viendront « les grandes espointes de la mort », vite on lui apportera la croix, il la verra encore une dernière fois, il l'adorera, on lui donnera une dernière absolution et l'Indulgence Plénière au nom du Pape et, après un dernier frisson, son âme s'envolera :

> Prions Dieu qu'en sa sainte gloire
> Le mete et en son paradis.

Cette scène se renouvelait fréquemment et chaque fois augmentait les revenus de notre église, tantôt en argent, tantôt en nature ; nous avons vu que deux curés avaient laissé des ornements neufs. En 1695, Jacques Langlois, curé des Mesnus, donne un arpent de pré, une maison et un jardin sis dans le bourg ; le 1er décembre 1666, Simon Passard, tissier et toilier à la Cognardière, avait laissé 17 l. t. et voulut qu'à son service on offrît un pain bénit d'un demi-minot de bled métoil, mesure de la Louppe, et que l'on dît quatre messes-basses et deux *messes à nottes*.

Françoise Daragon, en 1667, donne trois années du revenu de son fonds pour une messe-haute annuelle pendant ces trois années, et en plus 3 l. pour être recommandée aux quatre fêtes solennelles et pareille somme pour aider à avoir une aube.

En 1652, Jean Blanchard, donne 2 s. 6 d. de rente annuelle et perpétuelle.

Pierre Béhulière donne un quartier de pré en 1680.

En 1692, Marie de Brossard donne 30 l. une fois payées, à condition d'un messe-haute avec vigile et un *libera* à pareil jour de son inhumation et recommandation aux quatre fêtes solennelles.

Marguerite Mareschal, veuve du sieur de Frémond (François de Brossard), donne 20 s. de rente annuelle et perpétuelle à la charge d'une messe basse le jour de son décès et recommandation aux quatre fêtes solennelles.

Je ne puis relater ici le fond de chaque testament, ils sont tous à peu près de la même teneur et dans les mêmes intentions; il en est un cependant auquel je n'ose donner le nom de testament, parce qu'il n'a pas été fait dans les formes ordinaires et qu'il ne porte que sur une bien faible obole, acceptée néanmoins par le Trésor des Mesnus.

Les parents de Jacqueline Gouin offrent à l'église un don de 5 sols une fois payés à l'occasion de la mort de leur fille.

Jacqueline, âgée de vingt-quatre ans, avait été menée au Bois, près St-Evroult, diocèse d'Evreux (aujourd'hui St-Evroult-N.-D.-du-Bois, diocèse de Séez, canton de la Ferté-Fresnel). Elle allait demander la guérison de son esprit et elle mourut en cet endroit le neuvième jour de sa neuvaine, sans avoir été guérie de son indisposition et n'ayant ainsi pu recevoir que l'Extrême-Onction, elle fut ramenée morte aux Mesnus le 2 août 1701 (1).

En dehors de ceux inscrits dans ces pièces officielles, il y eut quantité de dons en argent faits entre les mains des gagers et dont le chiffre trop minime ne valait pas les frais du tabellionnage, ou, tout en étant aussi importants que les précédents, venaient de mains qui ne tenaient pas à en faire une inscription régulière et que, cependant, on notait sur les registres du Trésor.

Trois de ces registres, dont les deux premiers sont de la fin du XVIe siècle et le dernier du 27 avril 1627, nous ont conservé les noms et le montant des dons de ces pieux fondateurs; ils sont 175 inscrits sous le titre suivant :

« Ensuivent les noms et surnoms de ceux et celles qui ont donné et aumosné de leurs biens à l'église de céans pour aider à entretenir les messes ordinaires que pour avoir du pain et vin pour administrer à Pasques (2). »

Mais la liste la plus ancienne est celle de 1408, qu'on pourrait appeler le cartulaire de cette église et que nous publions *in extenso* aux pièces justificatives.

Nous savons exactement, grâce à ce parchemin, quelles étaient les rentes du Trésor des Mesnus au commencement du XVe siècle :

---

(1) Ce document est curieux ; à vingt lieues de distance, on s'en allait se plonger dans la fontaine de St-Evroult, si renommée autrefois par la quantité de pèlerins qui allaient y chercher la guérison de leurs maux ; les moines de St-Evroult qui possédaient des terres à Marchainville avaient sans doute fait connaître ce pèlerinage dans la contrée.

(2) A cette époque de profonde conviction religieuse où personne ne se dispensait du devoir Pascal et où, probablement, on communiait encore sous les deux espèces, on avait la louable habitude de soulager la Fabrique dans les frais que l'accomplissement de ce devoir nécessitait.

il possédait environ 33 sols de revenu ; l'étude des rapports de ce revenu avec ceux d'aujourd'hui et de sa valeur relative ne peut trouver place ici et demande plus de compétence que je n'en pourrais apporter; je crois d'ailleurs avoir présenté la paroisse des Mesnus pendant l'Ancien Régime sous son côté le plus intéressant et vais terminer mon travail par l'étude d'un dernier côté, qui ne sera pas le moins attrayant : L'histoire de la Révolution aux Mesnus.

DEUXIÈME PARTIE

LA RÉVOLUTION AUX MESNUS

§ 1. Débuts de la Révolution.

Les documents que nous retrouvons aux Mesnus nous apprennent que la Révolution y fut accueillie, non certes dans le sens des conventionnels et des assassins, mais dans celui d'une réforme, longtemps désirée, des institutions et de l'organisation sociale. Le cahier des doléances, qui est un des plus intéressants du Perche, nous donne à peu près la note de l'esprit qui régnait aux Mesnus à cette époque; je dis : *à peu près*, car le style prétentieux de ce document suffit à prouver qu'il ne fut pas rédigé par ceux qui le signèrent, mais que la rédaction en est due à quelque clerc de la bazoche.

Nous reproduisons ce document en entier aux pièces justificatives. On y verra que, malgré les vœux qui y sont formés et malgré les réformes qui ont pu les suivre, à cent ans de distance les choses ont peu changé.

Voici, en effet, un résumé complet du *cahier* de la paroisse des Mesnus, dans lequel nous avons divisé les *vœux* en trois catégories, ce qui permettra au lecteur de se rendre compte plus facilement des désirs exprimés et des résultats obtenus :

1° *Vœux demandant des réformes aujourd'hui accomplies :*

Article premier. — Suppression de tout privilège en matière d'impôt.

Art. 2. — Suppression de toutes les justices seigneuriales. Etablissement dans les chefs-lieux, à 4, 5, ou 6 lieues les uns des autres, de justices royales.

Art. 3. — Suppression des tabellionnés des seigneurs.

Art. 7. — Faculté aux débiteurs de cens et de rentes de s'en libérer en remboursant le capital au seigneur à qui ils sont dûs.

Suppression de la solidarité des codébiteurs de cens et de rentes.

Suppression des droits de banalité pour les moulins.

Art. 8. — Diminution des droits perçus pour les renouvellements de terriers *qui sont six fois plus élevés qu'autrefois.*

Art. 9. — Que les seigneurs contribuent à l'établissement des grandes routes. Achèvement de celle qui traverse cette paroisse; emploi pour ce travail et pour la confection d'un pont sur l'Eure de la somme de 300 livres que la paroisse paie annuellement pour les routes.

2° *Vœux demandant des changements plus ou moins impraticables ou nuisibles :*

Article premier. — Réduction de tous les impôts au seul impôt foncier ou du moins à un très petit nombre d'impôt.

Municipalités chargées de percevoir l'impôt et de le verser de quartier en quartier, sans frais, directement au Trésor royal, par la voie des diligences ou autres voitures publiques.

Utilisation des assemblées municipales pour remplir le rôle des juges de paix.

Art. 6. — Suppression des aides et gabelles (nommés aujourd'hui contributions indirectes) notamment sur le sel, le tabac et les boissons (1).

3° *Vœux demandant des réformes qui ne sont pas encore accomplies aujourd'hui :*

Article premier. — Le roi sera supplié d'accorder à notre province, comme au temps de ses anciens comtes, une Assemblée Provinciale ou des Etats, qui seraient chargés de répartir l'impôt foncier entre les paroisses.

Art. 2. — Réforme dans la procédure.

Confection d'un nouveau code clair, simple et précis (2).

Art. 4. — Suppression des jurés-priseurs (aujourd'hui commissaires-priseurs ou autres individus en exerçant plus ou moins légalement les fonctions); « souvent le mobilier d'une succession suffit à peine à leur voracité. »

---

(1) Qu'eussent dit ces braves gens s'ils avaient eu, comme nous, des droits à acquitter sur la bougie, sur les allumettes, sur les chiens, sur les chevaux, sur les voitures, sur les billards, sur tout et bien d'autres choses encore ? Combien, s'ils avaient pu prévoir les charges fiscales qui nous écrasent, ils auraient trouvé leurs gabelous réservés et peu exigeants !

(2) Cette réforme a été à peu près accomplie par la confection du Code civil, mais presque tous ses articles ayant été modifiés depuis par de nouvelles lois, notre législation est redevenue aussi inextricable qu'elle l'était en 1789.

Art. 5. — Etablissement pour les droits de contrôle d'un tarif moins élevé et assez clair pour prévenir l'arbitraire (1).

Deux choses nous frappent surtout en examinant ces vœux : c'est, d'une part, la liberté avec laquelle s'expriment, en parlant des ministres et des abus, ces simples paysans de l'Ancien Régime que les historiens officiels nous représentent comme écrasés par la tyrannie, liberté de langage que l'administration ne tolèrerait pas aujourd'hui dans la bouche des membres les plus éminents du peuple soi-disant souverain ; c'est, d'autre part, ce fait que dans ce cahier, de même que dans l'unanimité absolue des autres cahiers rédigés par le Tiers-Etat en 1789, il n'est formé aucune plainte ni contre l'Eglise catholique et ses ministres, ni contre le Roi et la forme monarchique, aucun vœu pour la suppression de la Noblesse, ni pour celle du régime féodal lui-même, dont on désire seulement voir modifier certaines formes surannées, comme cela s'était fait à toutes les époques de l'histoire de France (1).

La municipalité se recruta tout entière parmi les signataires de cette supplique et nous retrouvons tous ces noms portés par ceux qui jouèrent un rôle plus ou moins important aux Mesnus dans les années qui suivirent. Elle était ainsi composée en septembre 1792 :

Bacoup, maire; Michel Guillet, secrétaire; Tranchard, procureur; François Normand; Simon Normand; François Neil; Denys Beaufils; François Mercier; André Angoulvent; Pierre Aubert; Gilles Julien.

Le 21 octobre 1793, on établit un comité de surveillance, dont le curé Pierre Noyau, fut nommé président, François Neil, Gilles Julien et Charles Gagné, neveu du curé non assermenté, scrutateurs, Etienne Cognard, secrétaire; le comité comprenait encore douze simples membres. Son but fut absolument le même que celui des comités de Salut Public : recevoir les *déclarations de résidence* ou de *passage*, surveiller les étrangers et dénoncer les *suspects ;* mais comme, d'après la loi du 7 frimaire an II, il ne devait se trouver dans ce comité aucun membre qui fût parent d'un autre jusqu'au quatrième degré et que cette condition fut difficile à remplir dans une population aussi restreinte que celle des Mesnus, le nombre des membres du comité fut réduit à sept.

---

(1) Les droits de contrôle portent aujourd'hui le nom de droits d'*enregistrement* et M. Leroy-Beaulieu (Traité de la science des finances, t. I, p. 491), après avoir rapporté les remontrances faites au roi par Malesherbes à leur sujet en 1775, ajoute : « Ces vives critiques étaient bien justifiées alors, elles le sont encore aujourd'hui. »

(2) Voyez : Les cahiers de 89, par L. de Poncins. Paris; Picard; 1887.

Au service de ce comité se trouvait la *garde nationale,* établie déjà depuis trois ans (29 septembre 1790). En août 1793, on en renouvela les officiers ; Denys Angoulvent fut lieutenant, Pierre Guillet sous-lieutenant, Jean Gerfaux second sergent, François Julien et Toussaint Durand caporaux. Le 6 octobre suivant, les gardes de Neuilly ayant nommé les commandant, sous-commandant et adjudant sans en avoir avisé à temps ceux des Mesnus, réquisitionnés ce jour-là pour l'inauguration de *l'arbre de la fraternité,* ces derniers réclamèrent l'annulation du vote, se plaignant d'ailleurs qu'ayant reçu à l'issue de la messe avis de se rendre à Neuilly pour une heure d'après midi, il n'était plus temps de s'y rendre. Fit-on droit à cette réclamation ? Peu importe.

D'ailleurs, l'épuration de la municipalité, faite le 20 floréal suivant, changea l'organisation de la garde ; Ambroise Navet en fut nommé capitaine, à la place de François Neil, élu greffier municipal ; Blaise Huet, lieutenant ; François Guérin et Mathurin Magdeleine, sous-lieutenants ; Gilles Julien et Robert Angoulvent, sergents ; Jacques Passard, Jacques Beaufils, François et Louis Navet, caporaux.

Le 22 ventôse précédent, le Conseil-Général du district de Mortagne avait ordonné l'épuration de toutes les autorités constituées dans tout le district. Le curé Pierre Noyau avait été proposé pour maire ; mais, unanimement, les conseillers déclarèrent ne vouloir point siéger à côté de lui. La séance fut assez mouvementée. Noyau, se voyant impossible, refusa et André Angoulvent fut nommé à sa place ; Aubert, Julien et Mercier furent remplacés par Girard, Normand Louis et Couillin ; Etienne Coignard, greffier, par François Neil, de la Motillière ; l'agent national Tranchard par François Normand, qui n'accepta pas, malgré, dit le rapport, « que depuis la Révolution il ait manifesté les sentiments « et principes d'un vrai républicain ; » ce fut à l'ancien maire François Bacoup qu'échut cette charge « comme étant vrai républicain (1). »

Au comité de surveillance figurèrent également de nouvelles figures et Joseph Gohier, agent national du district, fut chargé de s'assurer de ces mutations dans les diverses communes du quartier.

---

(1) J'ai dit plus haut que le curé assermenté Noyeau était peu considéré ; le fait qu'on vient de lire corrobore ce que j'ai avancé d'après la tradition. Un incident arrivé pendant la susdite séance est encore assez significatif : « Une hébétée de femme dans un mouvement de colère, dit le « procès-verbal, prit le dit Noyeau par sa redingote en lui disant de sortir « de l'assemblée, tort auquel est attribué à cette femelle, mais aussitôt la « paix lui fut ordonnée de la part du citoyen Tranchard, agent national, « ce que sur le champ le plus grand calme régnait partout. »

Dire que ces différents fonctionnaires se montrèrent peu soucieux de leur charge, serait certes inexact ; on ne se contenta point aux Mesnus d'enregistrer les décrets de la Convention, on les exécuta dans la mesure du possible et avec le zèle le plus actif, dont le curé lui-même donna le premier exemple, n'ayant pas même eu la pudeur de refuser la présidence de la commission chargée de la spoliation de son église. Je vais dans trois paragraphes faire revivre autant qu'il sera facile et paraîtra intéressant les principaux actes de l'administration des Mesnus en 1792, 93 et 94 ; il suffira de changer les noms pour retrouver dans beaucoup de paroisses les mêmes actes et la même histoire (1).

§ 2. Spoliation de l'église, du presbytère et des familles nobles.

Dans les derniers jours de novembre 1792, nous l'avons vu, un prêtre assermenté s'en vint se fixer aux Mesnus. Jusqu'au mois de ventôse (mars) an II, il officia et prit part à différentes charges civiles. A quoi attribuer son départ ? Au peu d'estime dont il jouissait, mais aussi et peut-être principalement à la disparition de tous les vases et objets nécessaires aux cérémonies du culte.

En effet, un mois avant son départ, le 13 pluviôse, et conformément à la loi du 13 brumaire, la municipalité expédia à Mortagne les calices, soleils, ciboires et autres vases d'or et d'argent pour un poids de 7 livres 1/2 et les chandeliers, lampes et autres ustensiles en cuivre et bronze pour la quantité de 110 livres ; on inventoria les linges destinés à faire de la charpie (loi du 19 août 1792, du 13 brumaire et du 29 nivôse) et on les dirigea également au district (2).

S'il fallait de la charpie pour panser les blessures, il était

---

(1) Une fois pour toutes, je préviens le lecteur que le « Registre des délibérations municipales » des Mesnus a été l'unique source où j'ai puisé les faits rapportés ici.

(2) Le 29 pluviôse, le maire Bacoup, l'agent national Tranchard et les municipaux se transportèrent à l'église sur les dix heures du matin pour faire l'inventaire : « Nous sommes entrés à la sacristie adhérente à la dite
« église et avons trouvé dans une petite harmoire placée devant la croisée
« du côté nord, savoir :
« 1º 36 pièces de linge servant autrefois à dire la messe avec autres
« différents morceaux de différentes espèces dont nous ne savons les
« noms ;
« 2º 5 aubes et 5 surplis ;
« 3º 5 soutanes d'étamine noire et 2 autres mauvaises ;
« 4º 10 nappes qui étaient d'ordinaire aux autels ;

nécessaire aussi d'avoir du bronze « pour anéantir et pulvériser les ennemis de la patrie. » Après avoir pris la charpie dans les sacristies, on alla chercher le bronze dans le haut des clochers. Un décret du 23 juillet 1793 portait qu'il ne serait laissé qu'une cloche dans chaque commune; le 22 brumaire (novembre) suivant, le citoyen Noyeau, curé, commissaire cantonal de Neuilly, fut nommé commissaire *ad hoc* et ce fut sur sa réquisition personnelle que l'on fit descendre une cloche pesant environ 8 à 900 livres (1).

Ainsi dépourvue de ce qui lui était nécessaire, l'église ne pouvait plus remplir son but d'autrefois : on en demanda la désaffectation.

Le décadi, 20 ventôse, plusieurs citoyens engagèrent le conseil municipal à requérir l'autorisation de la transformer en club de société populaire, « voulant tous vivre libres et avoir places aux « lectures des lois qui font leur bonheur, ils demandent que l'église « leur soit consacrée, afin que tous les citoyens fussent à leur « aise et puissent participer à toutes les séances qui y seraient « tenues. » Le conseil répondit que la chose n'était pas de son ressort, mais qu'il en référerait au directoire de Mortagne.

Cependant, dans la même séance, le comité de surveillance

« 5º 10 chasubles, 14 chappes, 6 tuniques, 1 tapis de dais, le tout de
« diverses couleurs;
« 6º 4 mauvaises soutanes rouges, servant aux petits enfants;
« 7º 17 devant d'autels, tant détachés que montés;
« 8º 3 tapis de serge verte servant de couverture aux dits autels;
« 9º 1 drap mortuaire et 1 drap noir;
« 10º 6 rideaux d'indienne aux dits autels et 5 chandelliers de fer (ces
« chandelliers furent volés en messidor, avec trois petites caisses et plu-
« sieurs serrures de fer dépendant du presbytère);
« 11º Une bannière, une robe de bedeau et sa baleine.
« C'est tout ce que nous avons trouvé de meubles appartenant à la dite
« église. »

(1) Le jeudi 21 novembre, Paul Durand, Gilles Julien, Jean Passard, Denys Angoulvent et François Viltrouvé ayant descendu la cloche, la laissèrent sur le grenier du clocher. Le 24, les municipaux déclarèrent que ceci n'accomplissant pas le vœu de la loi, ils allaient poursuivre les dits citoyens. Mais ceux-ci, étant arrivés, dirent qu'au moment où ils étaient au travail, le citoyen Noyeau était venu leur dire qu'il y avait autre chose de plus nécessaire à faire que de descendre la cloche, qu'il fallait battre l'autre qui était suspendue pour assembler le monde pour aller à la défense de la patrie, que dès ce moment ils avaient cessé leur travail, mais qu'ils promettaient de la descendre le mardi suivant. On leur déclara prendre bonne note de leur promesse à laquelle ils donneraient suite sous peine d'être traités selon la rigueur des lois. La cloche envoyée à Mortagne le même jour que les vases sacrés fut la petite, la grosse étant encore dans le clocher des Mesnus. (Voir plus haut ce qui a été dit au sujet de la fonte de ces cloches.)

s'étant plaint de n'avoir point de lieu de réunion, on lui donna une chambre au presbytère (1).

La demande de désaffectation ne fut pas accordée; on la compensa par une dernière insulte au lieu saint. Il n'en restait plus que les quatre murs, mais, au-dessus et dominant encore les passions humaines, s'élevait la croix du clocher. Le 13 Thermidor, André Angoulvent étant maire, on fit marché avec le citoyen Hodebourg, couvreur domicilié à la Ferté-des-Bois (ci devant Ferté-Vidame), pour ôter les bras de la croix du clocher, y mettre un oriflamme avec un *bonnet de la liberté* et descendre le Christ pour le prix de 61 livres 5 sols. Le jour même l'ouvrage fut réglé et l'ouvrier payé par le maire à la maison commune.

Que restait-il à faire désormais de ces *témoins du fanatisme*, de ces *antres de la superstition*, sinon à les vendre ou à les louer; on le fit. Le 12 Floréal, an III (1er mai 1795), les administrateurs du directoire du district de Mortagne procédèrent à la location et affermement des édifices nationaux, connus ci-devant sous le nom d'églises, situés dans les cantons de Longny, Neuilly et Soligny. L'adjudication n'avait lieu que pour un an et les adjudicataires étaient tenus de faire toutes les réparations menues et locatives aux couvertures et murs du cimetière, de rendre les édifices en bon état à la fin de leur jouissance, ne pouvant rien prétendre aux herbes, dont la location avait dû être faite par les municipalités (2). Ils devaient laisser le libre usage de l'édifice aux municipalités pour y faire la lecture des lois, la réunion des citoyens pour les assemblées politiques, aux jours indiqués par la loi, et heures indiquées par la police.

« La loi du 3 Ventôse dernier, dit le procès-verbal, ayant déterminé les règles à suivre pour l'exercice des cultes, tous les citoyens sont astreints à suivre littéralement les dispositions comme aussi celles contenues en une lettre du comité de législation en date du 8 de ce mois, adressée au procureur syndic de ce district, et qui consiste à ne laisser exister ni apposer aucun signe extérieur de culte auxdits édifices et même de détruire les anciens, enfin de laisser aux municipalités le libre usage de la son-

---

(1) Peu de temps après le départ du curé Noyeau, le presbytère fut converti en maison nationale, tant pour les séances du Conseil que pour celles du comité, et le mobilier de l'église servit à aménager les deux salles. « Avons extrait de la ci-devant église plusieurs ustensiles propres
« à servir de sièges, tant aux officiers municipaux que comité et autres
« citoyens présents aux séances, consistant en deux fauteuils, deux bancs,
« cinq bancelles, tant petites que grandes, comme étant d'une utilité propre
« à tous les citoyens (30 germinal an II).

(2) Le 24 juin 1793, l'herbe du cimetière avait été adjugée à Blaise Huet, sacristain, dernier enchérisseur pour 21 livres.

nerie et des horloges desdites églises. Enfin les adjudicataires devaient payer les frais d'adjudication, affiches, enregistrement, formules, etc., montant à 4 l. par chacune. »

Aucun habitant ne se présenta comme acquéreur ; il faut le dire à l'honneur du pays : est-ce par un reste de sentiment religieux, est-ce à cause des charges assez onéreuses attachées à l'adjudication, je l'ignore ; en tout cas, n'ayant trouvé, ce jour-là, ni preneur, ni enchérisseur, on en remit l'adjudication au 1er Prairial. La même chose se passa au Pas-Saint-Lhomer ; il n'y eut d'ailleurs dans le canton actuel de Longny que quatre églises qui furent affermées dans les conditions ci-dessus :

Lhôme-Chamondot, pour 5 sols, à Jean-François Huet.
Malétable, pour 20 sols, à François Aubin.
Moulicent, pour 5 sols à Nicolas Drouin.
Monceaux, pour 5 sols à Anne Lecourbe, Vve Beauchet.

Ces déprédations sacrilèges de vases sacrés, cloches et édifices religieux ne furent point le meilleur profit de la Révolution sur l'Eglise ; les biens ecclésiastiques étaient là qui offraient une plus belle curée, on se garda bien de la manquer.

La loi du 19 août 1792 ordonnait un inventaire des titres et papiers de Fabrique : aux Mesnus on ne put le faire, les pièces ayant disparu, du moins en ce qui concernait les biens-fonds (1) ; on dressa cependant la liste, non seulement des biens de la Fabrique des Mesnus, mais aussi des autres biens ecclésiastiques dépendant des églises voisines sis en la paroisse des Mesnus. Voici cette liste (2) :

(1) « ... Après avoir fait ouverture du lutrin, y avons trouvé plusieurs papiers d'anciens comptes, quittances, nominations de trésoriers et autres très anciens qu'il nous a été impossible de pouvoir lire.

« Ensuite nous sommes transportés au banc-d'œuvre et n'ayant pu trouver la clef pour en faire l'ouverture, nous avons levé la serrure et n'y avons rien du tout trouvé.

« Quant aux titres des biens et terres, nous n'en avons trouvé aucun et nous présumons que tout cela a pu être déposé aux archives de la commune de Moutiers en ce que l'église des Mesnus dépendait de la ci-devant abbaye du dit Moutiers et que le plus ancien des registres de naissance n'est daté que de l'année 1605. (17 ventôse an II). »

(2) En 1791 voici quels étaient les revenus de l'église des Mesnus et le chiffre de ses contributions :

	Revenus.	Contributions.
Sacristie	28 livres 10 sols	7 livres 17 sols
Fabrique	287 — 16 —	79 — 15 —
Cure	44 — 3 —	12 — 4 —
Presbytère	20 — » —	10 — 10 —
Total	379 livres 29 sols	108 livres 46 sols

Comme on le voit, le chiffre du revenu était plus élevé dans l'estimation de 1793.

Fabrique des Mesnus : 37 arpents 1/2 rapportant 437 livres.
Fabrique de la Magdeleine : 4 arpents 1/2 rapportant 72 livres.
Fabrique du Pas : 2 arpents 60 perches rapportant 18 livres.
Fabrique de la Fontaine-Simon : 1 arpent 1/2 rapportant 13 livres.
Charité de Moutiers : 2 arpents 1/2 rapportant 20 livres.
Neuilly : 25 perches rapportant 3 livres.
Commanderie de Manou : 1 arpent 25 perches rapportant 18 livres 15 sols.
Et une grange dimeresse estimée 200 livres (1).

Les actes de vente de ces différents biens ne nous ont pas été conservés aux Mesnus, à part celui du temporel de la Cure adjugé, le 18 février 1793, au citoyen Noël André, de Longny, dernier enchérisseur pour la somme de 3.700 livres. Serait-ce le même André, de Longny, député à l'assemblée législative qui, dans l'assemblée électorale de Domfront, fut proclamé troisième député de l'Orne à la Convention (6 septembre 1792) et, par une lettre du 13 septembre, refusa de siéger dans cette nouvelle assemblée ?

Comme partout, la cause des nobles fut intimement liée avec celle du clergé. Nous avons vu que Chambon-Trousseauville possédait la ferme des Hayes, en Mesnus, et Courmesnil en Neuilly ; comme il était porté sur la liste des émigrés, on afferma d'abord ses biens puis on les vendit. La veuve de Magny avait un fils, architecte à Paris, qui, depuis 1780, époque de la mort de son père, était rarement venu au pays. En 1793, sa mère et ses deux sœurs ne savaient ce qu'il était devenu ; il passa pour émigré et ses biens d'héritage furent mis en séquestre, de même que ceux des d'Escorches de Loisé et de Bizou, situés au Bois des Menus.

Il faut d'ailleurs rendre cette justice à la municipalité des Mesnus qu'elle ne se montra en aucune façon tracassière vis-à-vis des quelques nobles restés dans le pays, lesquels passèrent l'époque de la Révolution dans une assez complète tranquillité ; on accorda même un certificat de civisme au citoyen Charles d'Escorches, particulièrement recommandé pour avoir subi la prison sous l'ancien régime, et à son frère Pierre, qui, cependant, tomba sous le coup d'une arrestation, mais s'en tira assez facilement (2).

---

(1) On ne parle pas ici des biens du prieuré de Moutiers, sis aux Mesnus, malgré qu'ils fussent considérables ; nous savons seulement que la ferme des Champs-Corons, de 40 arpents, ainsi que le moulin à vent, avec ses 14 arpents, en dépendaient.

(2) Nous renvoyons pour cet épisode à leur généalogie.

§ 3. Réquisitions et Impositions.

Cette page de l'histoire des Mesnus est particulièrement chargée en 92 et 93, le registre que j'ai consulté n'est qu'une suite de réclamations d'impôts, de grains, de chevaux, de porcs, de fourrages, de paille, etc. On aurait beau chercher, on ne trouverait rien de comparable sous l'Ancien Régime prétendu si despotique.

Le 16 juin 1793, on n'avait pas encore payé aux Mesnus la contribution mobilière de 1791, elle s'élevait à 1.073 l. 8 s. 9 d., et l'huissier de Longny, Fossard, avait apporté une contrainte sur l'ordre du receveur de Mortagne, Delangle. En séance municipale, l'agent national Tranchard avait essayé de réveiller l'enthousiasme dans une harangue qu'il terminait ainsi : « Quel est donc, « citoyens, le motif qui vous fait refuser ; considérez donc le « besoin de l'intérêt que nous avons tous au maintien et à la « stabilité de la patrie, et que ce n'est qu'en se prêtant les uns « les autres qu'on parviendra au but qui a déjà coûté tant de « travaux. » Ventre affamé n'a pas d'oreilles, depuis longtemps c'est connu ; l'unanimité des voix répondit que cette imposition excédait leurs facultés et que la susdite somme était trop « onérable » pour une aussi petite communauté, où il n'y avait ni marchands, ni négociants et personne de fortuné, et que d'ailleurs l'impôt foncier était déjà bien *aggravant* pour eux (en 1793 il était de 1799 livres); il fallut néanmoins s'exécuter et ce fut Etienne Cognard qui obtint, au rabais de neuf deniers par livre, la charge de percepteur des deniers pour les Mesnus avec la caution de François Bacoup. Mais, au 14 Pluviose, les gens des Mesnus prirent leur revanche ; la République qui manquait d'argent ordonna un emprunt forcé à prélever sur les plus fortunés ; il fut répondu carrément qu'il n'y avait personne dans ce cas aux Mesnus et que les revenus des plus aisés étaient trop inférieurs pour y être compris.

Il n'y eut pas que les bourses mises à l'épreuve, les greniers le furent également. Le 3 Nivôse (Janvier 1794), St-Victor-de-Réno, avec une population de 1.435 individus, n'avait plus que pour deux jours de subsistance. Le Directoire de Mortagne, voulant venir au secours de ces malheureux, constata avec une certaine inquiétude qu'il n'y en avait plus pour tout le district que pour 40 jours ; on examina quelles étaient dans le quartier les localités les plus privilégiées et il fut reconnu que Moulicent, Marchainville et les Mesnus étaient les seules communes en état de fournir un

excédent de grains. Moulicent fut imposé à 30 boisseaux de blé par décade, Marchainville à 15, les Mesnus à 20, avec défense absolue de refuser sous quelque prétexte que ce fût. Aux Mesnus on s'exécuta provisoirement, sans s'engager pour l'avenir : « Considérant, dit la municipalité, combien la misère est grande
« dans ladite commune des Mesnus et combien elle prend en
« considération l'indigence de ses concitoyens de la commune de
« St-Victor et voulant, par le morceau de pain qu'ils ont en ce
« moment, partager leur nécessaire, jusqu'à nouvel ordre, arrête
« qu'il sera fourni la quantité de 15 boisseaux de grain provisoi-
« rement pour le 12 Nivôse. »

Mais voilà que, le 8 Nivôse, la commune de la Lande-sur-Eure se met de la partie et, mise au courant de l'humanité des gens des Mesnus, leur demande 30 boisseaux par décade. La Lande comptait 557 habitants, n'avait plus de vivres et consommait 100 boisseaux de blé tous les dix jours. Aux Mesnus, on prit la demande de haut et on déclara que tout en étant porté d'intérêt à secourir les frères indigents, il était impossible de venir au secours de la Lande, St-Victor ayant déjà adressé une demande appuyée par le Directoire et à laquelle on était obligé de donner satisfaction. Qu'arriva-t-il ? On fit à la Lande ce qu'on avait fait à St-Victor : ou en référa à Mortagne, et l'autorité supérieure ayant constaté que, si on ne venait promptement au secours des habitants de la Lande, « ils allaient bientôt sentir les horreurs du besoin décréta que la commune des Mesnus fournirait 50 boisseaux de blé et métail par décade à celle de la Lande, faute de quoi on lui appliquerait les peines portées par Garnier de Saintes, Représentant du Peuple dans l'Orne. »

La municipalité dit qu'elle s'exécuterait au moins pour une décade ; mais comme elle ne se pressait pas de revenir à la charge, une nouvelle réclamation de la Lande arrriva le 15 Ventôse. Importunés, les municipaux se réunirent extraordinairement et prirent la délibération suivante :

« Considérant : 1° Combien la misère est grande en la commune
« des Mesnus ; 2° qu'autant qu'il a été en leur pouvoir de partager
« leur nécessaire avec leurs frères de la Lande leur civisme et
« leur zèle n'a pas été épargné ;

« Considérant que, depuis le 12 Nivôse dernier, la commune
« des Mesnus avait partagé son nécessaire, tant avec la commune
« de la Lande (50 boisseaux) qu'avec celle de St-Victor (92 bois-
« seaux), sans parler de ce qui a été fourni à celle de Longny ;

« Arrête que, dans ce moment, il lui est impossible de venir
« au secours de ses frères de la Lande par la grande pénurie qui
« y manque ; mais, voulant enfin partager le dernier morceau de

« pain qui reste en la dite commune, qu'il soit délivré la quantité
« de 20 minots, pris sur le contingent de la commune des
« Mesnus, qui lui a été accordé par le district de Bernay, au prix
« du maximum et sauf les frais de transport ;

« Considérant enfin qu'à l'égard de la semence de mars, la
« commune des Mesnus en manque absolument pour faire ses
« semences ordinaires, qu'il en a été demandé à la commune de
« la Lande, qu'il ne lui a pas été répondu, qu'il lui en faut 150
minots, arrête que la réquisition de l'agent national sera exécutée. »

Cette nouvelle générosité ne mit point les gens des Mesnus à l'abri de l'importunité de ceux de la Lande. Quelques mois plus tard, à l'entrée de l'hiver 1794, ils revenaient de nouveau à la charge mais étaient renvoyés avec un refus fort net et fort catégorique, accompagné de considérants assez navrants sur la situation aux Mesnus (1).

« Nous nous sommes toujours fait un devoir des plus sacrés, dit
« le rapporteur, d'obliger tous nos frères indigents, non seule-
« ment à leur fournir la vivature, mais une partie des semences
« pour leur terrains, ce qui met la dite commune des Mesnus, par
« son humanité, dans une détresse aussi frappante que des cito-
« yens humains et compatissants ne devraient pas éprouver.

« Les cultivateurs, n'ayant aucun fourrage que les pailles qu'ils
« peuvent récolter, se voient aujourd'hui contraints de vendre
« leurs bestiaux, par le tort que causent les *vermilliés* [souris et
« rats] dans les pailles battues.

« D'un autre côté, une ferme (celle des Hayes), doit fournir

---

(1) Voici le prix des principales denrées d'après un tableau dressé par la municipalité dans l'hiver 1793-94 :

	livr.	sols		livr.	sols
Chandelle, la livre	1	1	Sabot mignon fin	2	6
Cidre, le pot, 1re qualité	»	5	— mignon ordinaire	1	6
Poiré, —	»	3	Vin d'Orléans, le pot	1	»
Beurre frais	»	14	Laine ordinaire	4	»
— salé	1	»	Chanvre mâle, le quintal	30	»
Sucre, la livre	1	12	— femelle	37	7
Savon	1	5	Tabac, la carotte	1	»
Miel commun	»	12	— à fumer	»	10
Huile fine	1	11	Sel, la livre	»	»
— demi-fine	1	6	Bois en grande corde,		
— de navette	»	19	(8 pieds de couche et		
Vinaigre blanc, le pot	»	4	4 pieds de haut)	11	10
— rouge	»	10	Cercle à pipe, la meule	2	»
Eau-de-vie, le pot (1)	1	13	— à poinçon	1	2
Sabot d'homme	»	12	Pommes, le poinçon (2 hec-		
— de femme	»	9	tolitres 1/2)	5	»
— d'enfant moyen	»	8	Clous à cheval, le quintal	57	»
— d'enfant petit	»	6	— la livre	»	12

(1) Dans nos campagnes le pot vaut 2 litres.

« cent boisseaux de bled au district pour fermage de terres
« d'émigrés et c'est autant de moins sur le rendement des grains
« de la commune, joint à ce qu'enlèvent différents propriétaires
« des communes voisines pour leur subsistance, des grains et
« fermages qui leur sont dus; tout cela réduit la commune des
« Mesnus dans une détresse d'autant plus alarmante que les
« citoyens sont plus humains et compatissants envers leurs
« frères. »

Quoiqu'il en soit de ce rapport, nous pouvons présumer que la commune des Mesnus ne fut pas des plus éprouvées par la disette; les nombreuses demandes de secours qui lui furent faites en sont une preuve; d'autre part, nous ne relevons que 27 indigents en état d'être secourus dans la liste du 30 Pluviôse, an II, dressée à l'occasion du secours de 10.000.000 voté par l'assemblée pour être répartie sur tout le territoire (1); dans une liste subséquente, il n'y en a plus que 10 sur une population de 460 habitants.

St-Victor et la Lande ne furent point les seuls à frapper à la porte des greniers des Mesnus, la pénurie de blé se faisant généralement sentir avec une intensité extrême. Le 14 Fructidor, an II, le conseil municipal fut prié d'approvisionner les halles et marché de Mortagne; on obéit sans réclamation et les citoyens Magdeleine, Robert Angoulvent, Vve Magny, Pierre Descorches furent chargés de mener chacun deux quintaux de blé à la halle de Longny, comme étant la plus proche, pour de là les dits quintaux être dirigés sur Mortagne « pour l'approvisionnement de nos frères, et faute par lesdits citoyens de satisfaire il sera fait passer sur leurs têtes toutes les sévérités de la loi (2). »

Cependant, ces diverses demandes de secours ayant fini par épuiser leurs ressources, obligèrent les administrateurs des

(1) Sur cette somme 11,522 l. 14 s. revinrent au district de Mortagne et 124 l. 17 s. 4 d. aux Mesnus; cette distribution, faite le décadi 20 prairial, fut confiée aux mains du maire André Angoulvent et du greffier François Neil, qui s'acquittèrent de la répartition avec zèle et conscience, ainsi que le constatèrent les commissaires Gervaise et Marre, chargés de parcourir le district pour s'assurer de la bonne et entière distribution des secours.

(2) On ne plaisantait pas aux Mesnus avec la loi. Le 24 vendémiaire an III, François Neil, n'ayant pas, sur la réquisition à lui faite, fourni de secours à François Renard, fut mis en état d'arrêt par le capitaine de la garde et quatre fusiliers; on l'amena au corps-de-garde et déjà on le condamnait à six heures de prison et on mettait chez lui des batteurs et des gardes à ses frais, s'il n'avait justifié que ses travaux seuls, et non la mauvaise volonté, l'avaient empêché de fournir à temps du blé à François Renard. « Nous l'acquittons comme vrai républicain, qui ne veut pas
« laisser souffrir les indigents. »

Mesnus à requérir eux-mêmes ailleurs leur nécessaire. Nous avons vu que déjà ils en avaient obtenu du district de Bernay ; autorisés par le directoire de Mortagne, ils partirent chercher 19 quintaux et demi de grains à Janville (Eure-et-Loir) ; le sort désigna pour cette expédition Louis Navet, Toussaint Durand, Gilles, Julien et François Neil, des Champs-Corons ; ils se mirent en route le 30 Floréal, an II, et revinrent pour le 8 Prairial ; ils rapportaient la quantité convenue qu'ils avaient payée 282 l. 15 sols, à raison de 14 l. 10 sols le quintal, et le bled fut déposé dans le grenier du maire Angoulvent ; puis, on établit la plus rigoureuse surveillance, afin de ne pas laisser sortir de la commune la plus petite quantité de grains.

« Le 4 Frimaire an III (Décembre 1794), sur les onze heures du soir, quatre citoyens des Mesnus, Jean Couillin, Blaise Beaufils, Nicolas Leroux et Denys Beaufils, surprirent trois chevaux chargés de blé, conduits par deux citoyens inconnus ; ils demandèrent à ces inconnus où ils avaient pris ce blé, où ils le conduisaient, ce qu'ils en voulaient faire. A quoi il fut répondu que le blé avait été acheté au village de la Charbonnière, chez le fils du père Angoulvent, au prix du maximum et pour la subsistance et besoin personnel des dits inconnus ; sur ce, après avoir déchargé leur blé, ils s'installèrent sur leurs chevaux et décampèrent.

Les sacs de blé furent déposés chez l'agent Bacoup et Robert Angoulvent, vendeur, appelé à se justifier, reconnut avoir effectivement vendu dix minots de blé à ces individus inconnus qui lui avaient dit être de Brezollette, près la Trappe de Mortagne. On lui déclara que, si il récidivait à vendre ainsi clandestinement les grains de sa récolte sans autorisation, il serait poursuivi selon la rigueur des lois « quoique cependant il soit toujours bien fait de « pourvoir au besoin des frères indigents, mais que sous ce « prétexte il pourrait se faire que les ennemis de la Républi-« que se trouveraient alimentés. » Le blé fut partagé parmi les pauvres.

Quelle aimable façon de favoriser le commerce et de comprendre la liberté soi-disant établie par la Révolution, et comme il serait tentant de voir les principes révolutionnaires s'appliquer de nouveau dans toute leur splendeur !

Mais les réquisitions ne se bornèrent pas au blé (1), elles s'étendirent aux approvisionnements de toutes sortes : fourrage, paille, chanvre, laines, bêtes à laine, porcs, chevaux, voitures, tout fut

---

(1) En 1794, la population étant de 464 habitants, on récolta aux Mesnus 39,176 gerbes de blé, évaluées à 1,653 quintaux de grain, 553 quintaux d'avoine et 1,177 quintaux de foin ; il n'y avait, dit le procès-verbal, presque pas d'orge.

mis à contribution. Tout cela, comme on le sait, était destiné à l'armée.

Le 1er Messidor (août) an II, le département de l'Orne dut fournir 13.600 quintaux de foin, 60.000 boisseaux d'avoine et 60,000 quintaux de paille, pour la consommation de l'armée des côtes de Cherbourg. Dans ce contingent, le district de Mortagne figura pour 600 quintaux de foin et 3,000 de paille, le canton de Neuilly pour 30 de foin et 390 de paille, les Mesnus pour 4 de foin et 86 de paille, mais on ne put en trouver que la moitié que les citoyens Bacoup et Crête durent, dans le plus bref délai, rendre aux magasins d'Alençon.

Le 15 Vendémiaire, sur l'ordre des agents de Longny, Noël André et Rousseville, on conduisit les laines à la fabrique de Longny et le surplus de ce qui fut demandé fut dirigé sur celle de Nogent-le-Républicain (Nogent-le-Rotrou). On réclama du chanvre mais il fut répondu que la commune des Mesnus « étant un « terrain si ingrat pour cette sorte de plante que de tout temps la « dite commune n'a jamais récolté son nécessaire et ne l'a tiré « que des communes voisines et marchés publics, il lui était im- « possible d'en fournir. » Même réponse pour les porcs ; il y en avait bien quelques-uns, mais qui n'avaient pas trois mois et n'étaient pas en état par conséquent de servir de nourriture.

D'ailleurs, les procès-verbaux nous apprennent que les habitants des Mesnus se firent toujours et en tout, comme ils le disent, « un devoir des plus sacrés de porter obéissance, respect « et soumission aux ordres des autorités supérieures, dans les « choses possibles et quelques fois même presque impossibles. » Que pouvait-on exiger de plus ? Là où il se montrèrent le plus récalcitrants, ce fut dans les réquisitions de chevaux et de voitures ; on leur en demanda il est vrai pour faire jusqu'à deux cents lieues de marche, pour aller et revenir, ce qui leur paraissait un peu excessif. Réquisitionnés pour aller à Argentan et de là à Brest faire des convois d'approvisionnement, ils refusèrent poliment, leurs chevaux n'étant point accoutumés à pareille course, et puis c'était le 26 Nivôse et les travaux de mars allaient venir. Du reste, précédemment, ils avaient fait preuve de civisme en envoyant quatre voitures à Valognes et à Carentan, malgré que ce fût au moment de la moisson ; on avait même donné l'ordre au capitaine Navet d'amener au corps-de-garde les citoyens Aubert, Perche, Tranchard et Baumert qui, réquisitionnés pour ce service, se « *faisaient tirer l'oreille* » et tardaient à partir ; si de nouveau ils eussent refusé, on les eut conduits à la maison d'arrêt de Mortagne (1).

(1) Le recensement du 6 floréal accusa aux Mesnus :
89 chevaux, tous en très mauvais état, 3 chevaux entiers, pas de jument ;

§ 4. Enrôlement et départ de jeunes gens. Extraction du Salpêtre.

La République, qui avait à se défendre à l'extérieur et à l'intérieur, ne manqua pas de faire appel à toutes les forces vives de la nation. La première levée de soldats dont les registres des Mesnus font mention est du 3 juillet 1793. Le citoyen Tranchard, agent national, après avoir réuni tous les garçons et hommes veufs, leur lut l'arrêté du 13 juin et à haute et intelligible voix l'accompagna de cet éloquent commentaire :

« Considérez, citoyens, les motifs de prendre toutes les précau-
« tions propres et nécessaires à sauver la chose publique dans
« les circonstances actuelles et qu'il n'y a rien de plus cher à
« l'homme que de jouir d'une entière liberté ; que dans un mo-
« ment aussi critique qu'il faut même abandonner tous les
« intérêts les plus chers et faire un dernier effort pour tâcher
« d'écarter et repousser les malheurs qui désolent les départe-
« ments circonvoisins et qui peut-être pourraient fondre sur le
« nôtre ; il faut donc redoubler de zèle et de courage, chers ci-
« toyens. »

Cette harangue laissa froid tout l'auditoire. Les uns dirent que la moisson était trop proche pour pouvoir abandonner leurs maisons et qu'on ne pouvait plus trouver de blé pour nourrir les vieillards, les femmes et les enfants. D'autres ajoutèrent qu'à force d'argent ils prévoyaient ne pas trouver de monde pour faire la récolte, que, d'ailleurs, les domestiques étaient d'un prix à ne pouvoir atteindre, que toutes ces circonstances les mettaient hors

---

47 étaient âgés de plus de 5 ans ; 7 seulement remplirent les conditions voulues pour le service de la troupe.

Le 13 brumaire an III, un nouveau recensement établit ainsi le nombre du bétail :

75 chevaux, dont
- 22 de 3 ans.
- 9 de 4 ans.
- 13 de 5 ans.
- 5 de 6 ans.
- 13 de 7 ans.
- 10 de 8 à 10 ans.

16 poulains de 2 ans.
6 id. de 1 an.
815 moutons et brebis.
209 agneaux.
2 chèvres.
3 ânes.

de probabilité de pouvoir prendre les armes dans le moment présent et que la moisson était une des premières nécessités.

Quinze jours plus tard, le 4 août, l'éloquent procureur de la commune après avoir fait battre la caisse à l'issue de la messe « *où il était en personne* » donna lecture d'un ordre supérieur prescrivant pour ce jour à trois heures de relevée, convocation des hommes en état de porter les armes afin de se rendre à Angers. Même ordre avait été communiqué au Pas-St-Lhomer.

A l'heure indiquée, personne ne répondit à la convocation et à 6 heures du soir très peu de jeunes gens s'étaient présentés. Tous avaient exposé qu'une partie des citoyens était en train de faire la moisson, que l'autre partie était si occupée maintenant à ramasser les choses de première nécessité, qu'il leur était impossible de marcher d'une manière ou de l'autre, comme étant écrasés de fatigue. Le Pas-St-Lhomer répondit par les mêmes considérants. On se rejeta sur les vieux garçons afin de les engager à compléter le contingent.

Ceux-ci objectèrent « qu'ils ne voulaient point partir pour ceux
« qui avaient tombé au sort, puisqu'ils s'étaient enfuis, qu'ils n'y
« pouvaient que faire, qu'ils ne savent où ils sont et qu'ils sont
« aussi bien en état de porter les armes comme eux. »

On le voit, le caractère turbulent et belliqueux des anciens Gaulois avait beaucoup perdu de son intensité sur les bords de l'Eure; et les paysans de France, habitués depuis plusieurs siècles à cultiver en paix leurs champs sans être forcés de quitter leur village et n'ayant, en fait de service militaire, d'autre obligation que de fournir et d'équiper *un milicien par paroisse*, ne se doutaient guère encore de l'effroyable engrenage dans lequel la Révolution allait les faire passer jusqu'au dernier. Pouvaient-ils se douter que cette fille aînée de Satan, qui leur était apparue si séduisante, allait fumer tous les champs de l'Europe, de l'Espagne à la Sibérie, des cadavres de leurs enfants ?

Pauvres insensés, qui avaient acclamé avec enthousiasme l'avènement de ce nouveau Saturne, s'ils avaient pu connaître l'horrible et décevant avenir, que n'eussent-ils pas fait pour faire revivre cet Ancien Régime, où les nobles avaient seuls le privilège de porter l'épée, mais où ils étaient seuls astreints au service militaire ! Les excuses de ces laboureurs motivées sur leurs utiles travaux ne font-elles pas songer, quand on pense à la façon dont elles seraient reçues par un conseil de révision si leurs arrière-petits-fils (qui se figurent naïvement vivre sous un régime de liberté et croient fermement aux bienfaits de la Révolution) s'avisaient d'en apporter de semblables aujourd'hui.

Il en fallut donc venir aux mesures extrêmes, là comme ailleurs. Le onze Brumaire, le conseil général de l'Orne, en séance publique tenue sur les onze heures du soir, à laquelle assistèrent les autorités constituées de la ville d'Alençon, décida que des commissaires seraient envoyés dans les districts de Mortagne, Laigle, Alençon, Bellême, pour requérir le plus grand nombre de citoyens qu'il serait possible, lesquels se rendraient sur le champ dans la ville d'Alençon, munis de fusils de calibre ou de chasse, de munitions de guerre et de vivres pour cinq jours et plus s'il était possible.

Le citoyen curé des Mesnus, Noyeau, fut nommé commissaire cantonal pour Neuilly par le Directoire de Mortagne ; il devait se concerter avec les municipalités du canton pour faire parvenir sur-le-champ à Mortagne, hommes, armes et munitions. Le treize Brumaire, il fut décidé aux Mesnus, en conseil municipal, que 28 garçons de 18 à 25 ans partiraient dès le lendemain pour se rendre à Mortagne et de là à Alençon.

Ils déclarèrent tous ne point refuser de partir mais vouloir que tous ceux des garçons qui étaient en état de porter les armes, partissent avec eux, et qu'en plus il leur fallait des armes. Il leur fut répondu qu'il y avait à la maison commune une vingtaine de fusils qui pourraient armer autant de citoyens ; mais nos jeunes gens répliquèrent, et c'était vrai, que parmi ces fusils il y en avait beaucoup de crevés et en mauvais état. On leur dit, pour dernière raison, qu'ils trouveraient des armes au district ainsi que des munitions, que tant qu'au départ des citoyens âgés de 25 ans et au-dessus, ils partiraient si l'intérêt de la République l'exigeait ; que, pour eux, ils ne manqueraient pas de vivres, puisque quatre voitures étaient prêtes à partir pour leur approvisionnement et celui de leurs frères qui étaient déjà à combattre *pour les intérêts de la liberté (!)* « Tous ces moyens, dit le procès-verbal n'ont pu les « décider, et ils veulent que tous les garçons en état de porter les « armes partent comme eux. »

Malgré toutes les réclamations possibles, il fallut partir et se rendre à Alençon ; trois seulement restèrent chez eux pour cause de maladie et un quatrième fut renvoyé à cause d'une blessure au genou, mais, rappelés le 21 Pluviôse, ils durent rejoindre leur bataillon au Merlerault ; ceux qui étaient restés dans le pays pour cause de culture furent demandés en Floréal, et, peu à peu tous nos récalcitrants furent contraints de contribuer, bien malgré eux, aux sanguinaires fureurs de la Révolution (1).

(1) Le 26 germinal an II, quelques gardes nationaux trouvèrent couchés dans un buisson du pré du Boulay et exténués de fatigue cinq individus, qui dirent se rendre à Brulon, district de Sabley (Sarthe), et venir de la maison d'arrêt de Montfort, où ils avaient été internés en frimaire pour

Pendant ce temps, que firent ceux qui restèrent au pays ? La République sut les utiliser ; les femmes et les adolescents firent de la charpie. Le 8 Prairial, on enjoignit à tout individu, depuis quatorze ans jusqu'au dernier âge, d'apporter le décadi suivant à la maison commune : chacun une livre de charpie ou de chiffe bien lavée. Les hommes, pour la plupart du moins, furent employés à l'extraction du salpêtre qui devait « pulvériser les enne-« mis de la patrie. » Toussaint Durand fils, fut nommé chef d'atelier et prié de se rendre incessamment à l'atelier de salpêtre de Mortagne afin d'y prendre les renseignements nécessaires ; on lui associa Mathias Angoulvent qui, plus tard, par un arrêté du comité de salut-public, signé : Cambacèrès, Fourcroi, Carnot, Dubois-Crancé, etc., fut établi surveillant-général de l'atelier des Mesnus. On demanda au receveur de Mortagne une avance de fonds de 600 livres pour le lessivage des terres salpêtrées, la commune étant hors d'état de les fournir, et la salpêtrière des Mesnus fonctionna régulièrement comme le constata le citoyen Duteil, inspecteur du district de Mortagne, dans sa visite du 20 Thermidor.

Tels furent aux Mesnus les débuts de la Révolution accueillie, on le voit, comme à peu près partout, avec les illusions et le mirage de la liberté, de la fraternité et de l'égalité, trop tôt évanouies devant la réalité et dont le nom, par une singulière ironie, reste seul officiellement inscrit sur tous nos murs.

J'ai dit sur cette paroisse, tout ce que j'ai trouvé de plus intéressant dans ses archives ; sans doute, je n'ai pas toujours pu donner aux faits l'enchaînement qui en aurait rendu le récit plus attrayant ; mais, pour moi, l'important aura été d'avoir attiré l'attention sur les services que rendront à l'histoire percheronne des notices du genre de celle-ci, faites sur chaque paroisse qui aura eu, comme celle des Mesnus, l'esprit de conserver ses papiers de famille, et qui, comme elle, aura l'avantage de posséder des administrateurs assez intelligents pour ne les point refuser aux chercheurs désireux de les consulter.

n'avoir pas pris les armes assez promptement contre les rebelles de la Vendée ; ennuyés en prison, ils s'étaient évadés pour retourner à Brulon, leur pays natal. La municipalité les fit remettre entre les mains de la gendarmerie de Longny pour les conduire à Mortagne.

PIÈCES JUSTIFICATIVES

N° 1.

ARCHIVES DE LA FABRIQUE DES MESNUS

A. Titres de propriété.

I. Testaments contenant des dispositions en faveur de la Fabrique.

1. Testament de Jean Blanchard, devant Bahère, notaire à Moutiers (27 décembre 1552).
2. — de Louise ...., femme de Louis Blanchard (12 juin 1588).
3. — de Denys Passard, devant Charles Gohon, prêtre (6 octobre 1598).
4. — de Marie Tessier, veuve Aubin (17 septembre 1605).
5. — de Bastienne Breton, femme Jumeau, devant Bastien Langlois, vicaire (25 avril 1630).
6. — de Léonard ...., devant Sébastien Langlois, vicaire (4 janvier 1634).
7. — de Françoise Goutte, devant Pierre Leroux, tabellion de Moutiers, Pierre Halgrin, sieur de la Fleurière, étant bailli (19 février 1659.
8. — de Simon Passard, toilier à la Cognardière, devant Clopeutre, curé; demande le jour de son inhumation ou le lendemain quatre messes basses et deux *à nottes;* à l'octave, pareil service et un pain à bénir d'un demiminot de blé-métail, mesure de la Louppé, et item au bout de l'an; donne 17 livres tournois à l'église (1er décembre 1666).
9. — de Gervais Legrand, de Senonches, devant André Drouard, prêtre, bachelier en droit canon de la Faculté de Paris, curé de N.-D. de Senonches (2 octobre 1669) (copie).
10. — de Marie Durand, âgée de 25 ans, pardevant Clopeutre, curé (26 novembre 1671).
11. — de Marie Motheau, du village de la Pesnière, devant Clopeutre (26 janvier 1677).
12. — de Marie Joannet, veuve de Pierre Cognard, à la Charbonnière, par devant Clopeutre, curé des Mesnus (15 septembre 1679)..
13. — de Pierre Béhulière, par devant Bourgouin, garde-notte royal au baillage du Perche (18 septembre 1680. On lit au dos : « Ce testament n'a pas eu son exécution). »

14. — de mademoiselle de Frémont, devant Jacques Langlois, curé (30 juin 1689).
15. — de Jeanne Poirier, veuve Germond, devant Clopeutre (1er octobre 1689).
16. — de Nicolas Creste (8 janvier 1691).
17. — de Louis Guibinot, manœuvre à la Charbonnière (4 juillet 1691).
18. — de Thomas Durand, de la Charbonnière, par devant Jacques Langlois, curé (9 septembre 1691).
19. — de Marie de Brossard, par devant Bourgouin, garde-nottes royal à Neuilly (8 juin 1692).
20. — de Adrienne Joannet, veuve de Thomas Bachelier (27 janvier 1693).
21. — de Anne Guillet, annulé par celui de 1698 (13 juillet 1693).
22. — de Jacques Langlois, curé des Mesnus ; il donne un arpent et demi de terre, un quartier de pré, une maison et un jardin, le « Clos St-Même » (10 juin 1695).
23. — de Anne Guillet, femme de Michel Langot, laboureur aux Loges, devant Pasquier, curé (28 octobre 1698).
24. — de Gabriel Hayes, domestique de Thomas Besnard, à la Charbonnière (3 janvier 1714).
25. — de Pierre-Charles Pierrot ou Perrot, du village de la Bretillère (11 octobre 1734).
26. — de Hélène Péan (date illisible).
27. — de Sébastien Dugué (date illisible).
28. — de Guillaume Buart, demandant une messe basse annuelle pendant cinq ans et la prière à toujours mais le jour de Pâques (sans date).
29. — de Barbe Bouthier (sans date).
30. — de Margueritte Mareschal, veuve de François de Brossard, écuyer, sieur de Frémond (sans date).

II. Donations en faveur de la Fabrique.

1. « Ensuivent les noms et prénoms de ceux qui ont donné et « osmôné de leurs biens à l'église de céans, tant pour aider « à entretenir les messes ordinaires que pour avoir du pain « et du vin pour administrer à Pâques. » (Sans date, écriture du XVIe siècle contient 180 noms de bienfaiteurs).
2. Deuxième liste qui n'est que la répétition de la première et du même temps.
3. Troisième liste du 27 avril 1627, augmentée de quelques noms.
4. Quatrième liste, postérieure aux précédentes, mais sans date ; écriture de la fin du XVIIe siècle.

L'objet de chaque donation est toujours le même ; quelques sous de rentes pour l'acquit de services ou de messes, des pains bénits à offrir, des prières ou libéras à chanter ou encore pour l'achat du pain et du vin de la communion pascale.

En tête des donateurs figurent trois curés de la fin du XVIe siècle, Thomas Cordier, Estienne Duchesne et Noël Goutte.

5. Acte passé par devant Mathurin Perche, tabellion à la Renardière, François Gaubert étant juge civil et criminel du

baillage, commanderye, terre et seigneurie de la Ville-Dieu et Renardière, par lequel acte François de Vaumorin, de la paroisse de St-Hilaire-des-Landes au pays du Maine, voulant remplir les intentions de défunt maître Aubin, sieur de la Brulardière, et de sa femme, fille dudit sieur de Vaumorin, abandonne à la Fabrique 74 perches de terre à la Cognardière pour faire un pain bénit le jour des Trépassés, puis faire la prière et chanter un libéra, ledit jour, pour le repos de l'âme des parents et aussi du dit sieur de Vaumorin (22 novembre 1685).

III. *Acquisitions à titre onéreux.*

1. Vente par devant Simon Bouthier, tabellion à Moutiers, par Etienne Laigneau d'un quartier de pré au Champ-Huard (15 septembre 1630).
2. Vente par Anne Perche, veuve de Pierre Guillet, de 125 perches de terre aux Bétoires au profit de la Fabrique, devant Mathurin Hébert, tabellion à Moutiers (10 mars 1675).
3. Vente par Louis Passard d'un demi-arpent de terre à l'Epine-Garnier, au profit de l'église St-Mesme des Mesnus, devant Nicolas Aubert, notaire aux Murgers (9 août 1682).
4. Vente par Nicolas Besnard à la Fabrique de 100 perches de terre sur l'étang du Pas, par devant Mathurin Perche, tabellion à Manou (9 janvier 1692).
5. Vente par Denys Besnard à la Fabrique d'un quartier de pré à la Fosse-Guyon, par devant François Lazin, tabellion à la Lande (2 mars 1692).
6. Contrat de vente par Louis Passard et Anne Durand, sa femme, à maître Langlois, curé, d'une maison sise au bourg des Mesnus, avec cour devant et jardin derrière, par devant Mathurin Perche, tabellion de la seigneurie de Manou (18 janvier 1694).
7. Vente par Pierre Fourbet, trésorier, de 125 perches de terre aux Grands-Champs-du-Mêle, au prix de 75 livres 13 sous (21 mars 1720).
8. Contrat de vente de biens par Béhulière, de Boissy-le-Sec, et Toussaint Gauthier, de la Lande, son beau-frère, à François Perche, sabottier au Bois-des-Mesnus, par devant Claude Poymulle, tabellion à la Ferté-Vidame, Jean Vallée, avocat au Parlement, étant bailli et maître des eaux et forêts de la Ferté-Vidame (8 août 1740).
9. Contrat de vente de 30 perches de terre dans la pièce des Marchisiaux en Fontaine-Simon, seigneurie de la Cruchonnière, entre René Barbier, marchand, demeurant à St-Jean-des-Murgers, vendeur, et François Neil, laboureur à Fontaine-Simon, acquéreur, par devant Pierre Joannet, notaire, tabellion de la Commanderie et Haute-Justice de la Renardière et Ville-Dieu de Manou, demeurant à la Farignière, en Fontaine-Simon (16 novembre 1772).

IV. *Échanges.*

1. Echange devant Mathurin Hébert, tabellion, avec Denys Besnard, du Petit-Boulay, de 50 perches de terre à l'Epine-

Garnier, pour un clos que le Trésor de la Fabrique lui donne au Petit-Boulay (29 may 1669).
2. Echange devant Nicolas Bordeau, tabellion, entre le curé des Mesnus, Jean Goblet, et la Fabrique, pour une partie de logis donnée au sieur Goblet, lequel donne 20 perches de terre dans le clos de la Besnardière (25 juin 1655).
3. Echange d'immeubles avec Nicolas Bachelier, devant Barthélemi Bouthier, notaire (17 novembre 1748).

V. *Contentieux relatif aux propriétés.*

1. Poursuite de François d'Escorches, écuyer, sieur de Boutigny, demeurant au Petit-Boulay, contre Mgr Forcoal, évêque de Séez, prieur commandataire de Moutiers, au sujet de la distraction d'un lot de terre (les Petits-Jardins) donné à l'église par François Bachelier (février 1674).
2. Acte pour M. de Boutigny contre Pierre Lemaire, tuteur de l'enfant de Jean Lemaire (26 juin 1686).
3. Délivrance de testament fait par Marie Lazin au profit de la Fabrique, réclamée par le sieur d'Escorches de Boutigny, principal gager du Trésor de l'église, contre Pierre Lemaire, tuteur de Marie Lemaire, fille de Marie Lazin et de Jehan Lemaire, autorisée par Charles de Gravelle, sieur des Châtelets, juge ordinaire, civil et criminel de Neuilly et Beaulieu (10 juillet 1686).
4. Procédure du trésorier André Perche contre les Cottereaux, à propos du testament de Renée Bachelier, leur mère.
5. Supplique de Gilles d'Escorches, premier marguillier de St-Mesme des Mesnus, à l'évêque de Chartres, au sujet de la détention de plusieurs titres de Fabrique par divers particuliers (12 août 1686).
6. Autorisation de publier un monitoire pour découvrir les receleurs de ces titres, délivrée par l'official de Chartres (14 mars 1687).

VI. *Inventaire des titres de propriété.*

1. Liste des rentes foncières appartenant à l'église des Mesnus.

8 septembre 1408.

Ce sont les rentes, appartenans à l'église de Menulz au diocèse de Chartres, à estre receues par les gaigers du lieu, par chacun an, aux termes cy nommez et desclerez, lesquelles rentes ont été extraictes de mot à mot des vielz martelaiges (1) *de ladite église; et fut ce faict l'an de grace mil quatre cens et huit, le huitième jour du moys de septembre.*

Premièrement, les hoirs feu Girart l'Escuier, pour fère le

---

(1) Variante du mot français *marteloge* (glossaire français de du Cange) qui est la vraie traduction française du latin *martyrologium*, dont le mot martyrologe n'est qu'une traduction savante, contraire au génie de la langue française. On désignait ainsi les listes de bienfaiteurs des églises, leurs noms étant le plus souvent inscrits par les curés en marge du martyrologe dont ils se servaient tous les jours.

anniversaire dudit Escuier en la dite église, chascun an, deux soulz tournois de rente annuelle et perpétuelle à paier au terme de la St-Rémy, assiz sur la mestairie de Noyre Noe, dont les hoirs feu messire Robert le Tonnelier en font les trois pars, Pierre de Bresnay pour deux parties, 7 d., Gilet Bretel 3 d. maille pour la sixième partie et Lubin Ruffier, pour la septième partie de celle mestairie, 3 d. et maille audit terme St-Rémy.

Jehan Roussel, sur ses héritaiges, dont Colin Roussel laissa 18 d. à la St-Rémy pour son anniversaire; Item, la femme feu Jehan Roussel l'aisné, 6 d. au dit terme; Item, feu Robert Amiot, 4 d. au dit terme.

Pierre de Bresnay, pour feu Phelippe de Gohouville, 10 d., terme de St-Rémy; Item, le dit Bresnay, pour feu Robert Amiot, 2 d. au dit terme; Item, le dit Bresnay, pour feu Guillaume Beannertre, 12 d. assiz sur une pièce de terre qui est à la Cherbonnière, joignant d'un bout au marchez de la Cherbonnière et d'autre bout au chemin par où l'en va de la Cherbonnière à la Ville-Dieu et au Vergier.

Jean le Respoissé, pour ses héritaiges de la Himonnière, au terme de la St-Rémy, 2 s. t.

Jean Noe dit le Respoissé, pour les héritaiges de la Mortelière, au dit terme St-Rémy, chacun an 12 d. t.

Robin Matraz, pour feu Geffroy Huet, 3 d.

Les hoirs feu Guillaume Tiboult, au dit terme 12 d. t. assiz sur une pièce de pré qui est emprès le gué des Cloyes.

Agnès, femme de feu Jacques Legouz, sur ung courtil assiz aux Loges, au dit terme de St-Rémy, chacun an 2 s.

Les hoirs feu Jehan Hutin sur les noes de Blondé, pour les hoirs feu Mathery Damours, pour chacun an au dit terme 2 s.

Item, les hoirs du dit feu Hutin, sur une pièce de terre assize vers le Marchez Baudoin, que tient à présent Guillaume Coingnart (et les donna la mère feu Maçot Haudry), 12 d. de rente hérital.

Denise Livonne, sur ses héritaiges, 32 d. t. de rente hérital, pour chacun an, au terme de la St-Rémy.

Feu Denise Livonne a lessé pour fère son anniversaire par chacun an 3 s. t. de rente hérital, moitié à l'église et moitié au curé, assiz sur une pièce de terre qui est emprès le Vergier, joingnant des deux côtéz aux terres Jehan Thibault et à ses enfans, et d'un bout au chemin qui va de la Cherbonnière au Vergier.

Agnès de Chantonnin, femme jadis de feu Jehan le Tonnelier, a laissé pour soustenir la torche qui est alumée quand on lève le .... 4 s. t. de rente hérital par chacun an, au terme de St-Rémy, assiz sur une pièce de pré appellé le pré de la Brethèche, lequel est en la paroisse de Menulz, aboutant d'un bout au pré de la mestairie de la Cherbonnière, qui est à la femme feu Jehan Darcisses, et d'un côté au boys de la Brethèche, et d'autre côté à la rivière d'Eure.

Feu Gillot Fougis laissa, moitié à l'église, moitié au curé, 2 s. de rente hérital pour faire son anniversaire, assiz sur ung courtil que tiennent et possédissent à présent les hoirs feu Jehan le Respoissé dit Noe, au lieu de la Himmonnière, coustéant (1) le chemin qui va de la Himmonnière au Gué des Clayes, et d'un bout au frou (2) du dit lieu, et d'un costé à la sente qui va du dit lieu de la Himmonnière à la Fontaine.

Jehanne, jadis femme de Jehan Matraz, des Loges, laissa, moitié à l'église et moitié au curé, 4 s. t. de rente hérital par chacun an, au dit terme de St-Rémy, assiz sur une pièce de terre qui est aux Buissonnez, en laditte paroisse de Menulz, aboutant et acoustant aux terres aux Bouthiers, des Loges, et est pour fère l'anniversaire de la dite Jehanne par chacun an.

Feu Pasquier Loiseau laissa, pour déservir une lampe devant Notre-Dame, 5 s. t. de rente hérital à paier par chacun an, au dit terme St-Rémy, assiz sur ung courtil qui est au Boulay, joignnans des deux costez (et) aux deux chemins par où l'en va de Menulz à la Ville-Dieu de Manou, et d'un bout au frou du dit Boulay, et d'autre bout à l'éritaige aux hoirs feu Jehan Hutin.

Cahier original en parchemin formé de 4 fol. de 0^{m}25 sur 0^{m}16.

2. Inventaire fait par François Couillin, trésorier, « des titres, « papiers et enseignements, terres, héritages et rentes « dépendant du dit Trésor et Fabrique du dict Mesnus à « quoi il a été procédé en la manière qui en suit..... Fait par « devant Bourgouin, garde-notte royal à Mortaigne, à l'issue « de la messe, devant la plus grande partie des habitants. » (9 avril 1681).

B. Administration.

I. Nominations des Trésoriers.

Assemblée de paroisse pour la nomination de deux trésoriers (25 mai 1755). Voy. aussi la pièce B. IV. 3 ci-après.

II. Location des biens de la Fabrique.

1. Pièce incomplète qui semble être un inventaire des terres de la Fabrique avec le prix de leur adjudication (15 janvier 1640).
2. Adjudication par Estienne de Boutigny et François de Boutigny du Petit-Boulay devant Nicolas Bordeau, notaire à Moutiers (8 avril 1646 et 1674).
3. Six adjudications par François Travers et François d'Escorches devant Pierre Leroux et Mathurin Hébert, notaires à Moutiers (avril 1660 et 1674).
4. Dix adjudications par Thomas Bachelier devant Blaise Goblet, notaire à Moutiers (avril 1664).

---

(1) Forme percheronne de : *côtoyant*.
(2) *Terre inculte, pâturage*, d'après le Glossaire français de du Cange ; autrement dit : *friche* ; voy. le Glossaire aux mots *Fraustum, frusca terra*.

5. Sept adjudications devant Mathurin Hébert, notaire à Moutiers par Pierre Guillet, trésorier (avril 1666).
6. Sept adjudications devant les ci-devant Hébert et Guillet (avril 1668).
7. Adjudication par devant Jehan Lemaire, tabellion à Moutiers, de deux arpents dans la pièce de Loges à Louis Passard pour 6 livres 5 sols (27 avril 1670).
8. Onze adjudications par Béhulière devant Blaise Goblet et Jehan Lemaire, notaire à Moutiers (avril 1671 et 1672).
9. Neuf adjudications par le sieur d'Escorches devant Mathurin Hébert, notaire à Moutiers (mai 1672).
10. Quatorze adjudications pardevant Nicolas Aubert, notaire aux Murgers, Mathurin Perche à la Renardière, Robert Chardon à la Lande (1676. 1678. 1679).
11. Sept adjudications par Clopeutre, curé, Thomas Bachelier et Jehan Langlois devant Jehan Revel, notaire à Moutiers, et Mathurin Perche à la Renardière (mai, juin et novembre 1680).
12. Six adjudications par Denys Besnard devant Pierre Bourgouin, notaire à Mortagne (avril 1682 et 1683, mai 1684).
13. Neuf adjudications par Gilles d'Escorches, trésorier, devant Pierre Bourgoin, notaire à Mortagne, Mathurin Perche, tabellion à la Renardière, François Lazin à Regmalard, Nicolas Aubert aux Murgers (28 avril et 26 décembre 1686, janvier, février, avril 1687).
14. Deux adjudications par Louis Langot, trésorier, devant Mathurin Perche, tabellion à la Renardière de Manou (16 mai 1688 et 2 mai 1690).
15. Adjudication par Thomas Besnard, de la Charbonnière, devant François Giroux, notaire à Moutiers, pour 67 l., devant la grande porte de l'église (14 mai 1730).
16 Adjudication des biens de la Fabrique par devant François Desvaux en la forme accoutumée sous le chapiteau de l'église (26 avril 1733).
17. Adjudication par François Bachelier à Michel Fourbet de deux lots de terre devant François Desvaux (11 octobre 1737).
18. Adjudication à la requête d'André Perche, trésorier, tailleur d'habits pour 3, 6 ou 9 ans par devant Louis Legrand, notaire à la Lande, « à cause de la vacance du notérial de Moutiers » (29 avril 1736).
19. Adjudication à la requête de Jacques Beaufils devant François Desvaux, notaire à Moutiers (20 décembre 1739).
20. Adjudication à la requête d'Hilaire Passard, trésorier, à 55 l. devant Charles Darreau, notaire à Moutiers (6 mai 1742).
21. Adjudication des biens de la Fabrique à la requête de Simon Normand, trésorier, à 41 l. 10 sols pardevant Cardon, notaire et tabellion de Moutiers, à l'issue des vêpres, les annonces faites verbalement par Pierre-Paul Cornu, prêtre, curé de la paroisse (20 mars 1743).
22. Cinq adjudications devant François Charpentier; Charpentier le jeune et Jacques Cardon, notaires à Moutiers (1744, 45, 48, 50 et 52).
23. Adjudication par François Charpentier le jeune, de divers articles adjugés à divers particuliers pour 167 l. 9 sols 17 deniers (12 mai 1754).

24. Adjudication de 22 lots de terre par Charpentier, notaire à Moutiers (1er mai 1763).
25. — par le même de plusieurs lots (25 avril 1762).
26. — devant Regnard, notaire à Moutiers (1768).
27. — par Charpentier de divers lots (10 mai 1772).

(Une soixantaine de ces adjudications sont sur parchemin, 44 sur papier).

III. Marchés conclus au sujet des travaux.

1. Marché conclu avec Dominique Goujeon, fondeur, demeurant à Paris, rue de Vaugirard, paroisse St-Sulpice, pour la refonte des cloches (1734).
2. Marché pour la peinture des autels et de l'église des Mesnus avec Jacques Renoult, peintre à Nogent-le-Rotrou, qui, le tout examiné, s'engage au travail jusqu'à sa perfection et sans discontinuation, et, pour ce faire, il recevra 150 l. avant de commencer, 100 quand il sera à moitié et 200 quand il sera fini. Suit le détail des travaux pour les murs, les boiseries, les tableaux, le grand autel et les deux petits autels de la sainte Vierge et de St-Sébastien (21 juin 1767).

IV. Pièces de comptabilité.

1. Expédition d'un contrat de constitution de 54 sols 6 deniers de rente sur un corps de logis, une écurie, un clos et un jardin par Etienne Passard et Jehanne Lemaire, sa femme, pour demeurer quittes des jouissances de biens qu'ils tiennent de la Fabrique pardevant Bourgouin, notaire et garde-notte royal au baillage du Perche à Mortagne (1681).
2. Reçu du curé Pierre Cornu pour Pasquier, curé de Brunelles, qui a versé 300 livres sur 1800, reliquat des comptes de Pasquier, ancien curé des Mesnus (1741-1751).
3. Quittance de Jacques Renoult (12 juin 1768).
4. Divers reçus justifiant les comptes des trésoriers de différentes dates.
5. Reçu de Gateau, menuisier à Digny, de 400 livres, pour boiseries faites à l'église, plus 90 livres pour une grande armoire posée dans la sacristie (1781).
6. Trois liasses de reçus et quittances.

V. Comptes rendus par les trésoriers.

1. Liasse composée d'un compte de Fabrique de 1552 et d'un autre de 1553 rendu par Jean Pasquier, de comptes d'argent reçu chaque dimanche à l'église vers la moitié du XVIe siècle et de quelques papiers du XVIIe siècle.
2. Compte de Pierre Guillet, rendu par sa veuve le dimanche des Rameaux : recettes 549 l.; dépenses 450 l.. La veuve reste redevable de 143 l. 8 sols; approuvé par Jehan Lemaire, tabellion juré en la chastelenie de Moutiers pour la branche des Mesnus et du Pas (1666-67 et 68).
3. Liste des gagers et trésoriers depuis 1694 à 1732 avec le reliquat de leurs comptes.

4. Compte de Gaspard Motheau devant l'archidiacre de Mattaincourt (1712-15).
5. — de Jean Tomblaine devant le même (1714-15).
6. — de Michel Fourbet, rendu devant l'évêque de Chartres en cours de visite, le dimanche 28 septembre 1720 (1716-1717).
7. — de Martin Pasquier, devant de Mattaincourt, archidiacre de Dreux, en cours de visite (13 octobre 1717).
8. Compte de Jean Tomblaine, sabottier et trésorier, rendu devant de Mattaincourt (13 octobre 1717). Recettes 538 l. Dépenses 197 l., dont 25 l. pour la capitation.
9. — de Jacques Langot devant le même (1720-21).
10. — de François Huet (1722-23).
11. — de Mathurin Langot devant de Mattaincourt (1724-25). Dumais, peintre à Chartres, a fait pour 150 l. de peinture et rafraîchi le tableau de N.-D. de Pitié et celui du Christ et Passion de N.-S.
12. — de Pierre Huet, rendu par sa veuve Denyse Joannet (1726-1727).
13. — de Gilles d'Escorches de Rumien, devant Alexandre d'Escorches de Boutigny, Cornu, curé, Dareau, notaire à Moutiers, par son fils et principal héritier (1732).
14. — de François Bachelier, rendu par sa veuve devant Cornu, curé, Simon Normand, trésorier en charge, Pierre d'Escorches de Boutigny, commissaire nommé par l'évêque de Chartres, Dareau, notaire à Moutiers, et autres habitants. Recettes 528 l. Dépenses 405 l. (1733-34).
15. — d'André Perche, devant les mêmes. Recettes 761. Dépenses 599 (1735-36).
16. — de François Couillin (1737-38).
17. — de Jacques Beaufils (1739-40).
18. — de Hilaire Passard, rendu par ses héritiers (1741-42). Recettes 639 l. Dépenses 377 l.
19. Compte de Simon Normand (1743-44). *En note est écrit :* « Il y a un autre compte dudit Simon Normand, rendu « le 30 janvier 1757, par où il paraît quitte générale- « ment de toute sa gestion, et c'est ce compte qui doit « faire foi. Maître Pottier, mon bienfaiteur, m'atteste à « l'heure présente, en 1778, que le dit Normand ne « doit plus rien. Je joins ensemble ces deux comptes. »
20. — de Michel Angoulvent, des Loges, contenant les fermages pour un revenu de 455 l. 44 sols, les arrérages de rente pour 50 l. 13 sols, les reliquats de compte pour 120 l. sur 218, que doit l'ancien trésorier Jacques Beaufils, et 560 l. versés par Simon Normand. Recettes 1209 l. 17 sols. Dépenses 607 l. Accompagné du détail des recettes et dépenses (1479-1750).
21. — de Jacques Tranchard (1755-56).
22. — de Michel Meunier (1761-62), rendu devant Blanquet, archidiacre de Dreux, et Luneau, son secrétaire.
23. — **de** François Beaufils (1762-63).
24. — de François Tranchard, rendu devant l'évêque de Chartres et son vicaire général M. de Flammarens (1765-66).
25. — de Mathurin Aubert, devant les mêmes (1767-68). Recettes 1,638 l. Dépenses 1,284 l.

26. — de François Navet (1769-70).
27. — de Pierre Madeleine. Recettes 968 l. Dépenses 1,007 l. (1771-72).
28. — de Martin Passard (1775-76). Recettes 1,036 l. Dépenses 427 l.
29. — de François Normand (1778-79). *En note :* « Le temps n'a « pas permis à Sa Grandeur de s'occuper du compte « ci-dessus, lors de sa visite dont il nous a honorés le « 17 mai. »
30. — de Robert Angoulvent (1780-81). François Neil, trésorier en exercice.
31. — de Toussaint Besnard (1782-83). Recettes 1,289 l.

VI. Contentieux relatif à la Comptabilité.

1. Sentence de Mathurin Daragon, bailli de Moutiers, condamnant Anne Perche, veuve de Pierre Guillet, ancien gager, à payer à la Fabrique la somme de 134 l. 8 s. pour un reliquat de compte de feu son mari (4 juillet 1672).
2. Procès-verbal de visite de Jean-Baptiste Maubuisson, licencié en droit et chanoine de N.-D. de Chartres, accompagné de Christophe Joly, curé de Gellainville, son secrétaire, et examen des comptes du curé Pasquier et du trésorier d'Escorches; le curé est redevable de 112 l. et le trésorier de 141 l., qu'ils devront payer dans le délai de six mois au trésorier en charge, pour être employées aux nécessités urgentes de la Fabrique ou améliorations des terres en les marnant (samedi 5 septembre 1711).
3. Requête de Thomas Couillin, trésorier des Mesnus, au bailli de Moutiers, contre Julien Pasquier, curé de Brunelles, et Benoit Pasquier, son frère, marchand à Nogent-le-Béthune (le Rotrou), paroisse St-Hilaire, héritiers de Martin Pasquier, défunt curé des Mesnus et décédé le 17 mai 1738, redevable envers la Fabrique de sommes considérables (24 mai 1741).
4. Procès-verbal de la réunion des gagers et principaux notables, où lecture est donnée de l'ordonnance de Charles François, évêque de Chartres, prescrivant de faire rendre compte aux héritiers Pasquier, ancien curé des Mesnus, des revenus de la Fabrique, touchés par le dit curé en son vivant, et autorisant les dits gagers à établir un procureur dans cette affaire. La réunion, d'une voix unanime, loue le zèle du prélat et la bonne volonté du sieur d'Escorches, instigateur des poursuites. Il est nommé procureur et accepte (10 décembre 1741).
5. Huit feuilles d'assignations, faites par René-Louis Courtin, huissier royal au baillage et siège présidial de Chartres, demeurant à Pontgouin, à la requête de l'official de Chartres et de Esprit de St-Michel, curé des Mesnus, contre huit trésoriers qui n'ont pas rendu leurs comptes et n'en ont pas payé le reliquat (7 mars 1741).
6. Assignations faites, par ordre du vicaire général de Chartres, par Georget, sergent royal au baillage et siège présidial de Mortagne, demeurant à Manou, à Jean Joannet, du Grand-Boulay, ancien trésorier, pour rendre compte devant l'official

de Chartres de sa gestion et administration, tant active que passive, en payer les reliquats entre les mains du trésorier en charge, et remettre les titres s'il en a, ce à quoi il sera forcé par toutes voies raisonnables, même par saisie et vente de ses meubles (23 janvier 1751).

Idem à Thomas Couillin, du Bois des Mesnus.

7. Assignation par Fossard, huissier à cheval du Châtelet de Paris, demeurant à Longny, à Pierre Neil, journalier à la Cognardière, le sommant de payer 16 livres, reliquat de 43, pour jouissance de terre (4 janvier 1762).

VII. Inventaires de pièces administratives.

1. Inventaire fait par François Couillin, trésorier (31 août 1681).
2. Feuille incomplète d'un acte passé par devant Aubert, notaire aux Murgers (3 juillet 1709).

C. Evénements divers.

I. Visite du délégué de l'Evêque de Chartres.

Visite de Louis-Charles de Braille, docteur en Sorbonne, chanoine de Chartres, accompagné de Valentin Charpentier, prêtre, curé-administrateur de l'hôpital rural des six-vingts de Chartres, son secrétaire, et chargé par l'évêque de Chartres de faire la visite des églises dans toute l'étendue du doyenné de Brezolles (vendredi 22 avril 1729, 6 heures soir).

II. Chute du clocher.

1. Supplique du curé Martin Pasquier à l'évêque de Chartres au sujet de la chute du clocher (2 février 1701).
2. Réponse de l'évêque nommant le sieur Thieulin, curé de Neuilly, enquêteur sur les dégâts occasionnés dans cet accident (4 février 1701).

D. Inventaires des archives de la Fabrique.

Voyez : A. VI. Inventaire des titres de propriété, et B. VII. Inventaire de pièces administratives.

E. Vente des biens de la Fabrique par la Révolution.

Vente du temporel de la cure des Mesnus à Noël André, de Longny, pour 3,700 livres (18 février 1793).

N° 2.

ARCHIVES DE LA COMMUNE DES MESNUS [1]

1. Affermement de la terre des Hayes, appartenant à l'émigré Chambon Trousseauville, au profit de la nation (13 septembre 1713).
2. Registre des délibérations municipales (1792-93-94).
3. Registre des contributions foncières et mobilières, du revenu et de l'impôt de capitation, pour 1791.

N° 3.

Les Mesnus; 28 mars 1789.

Procès-verbal de l'assemblée des habitants de la paroisse des Mesnus, réunis pour nommer les deux députés chargés de porter le cahier de leurs doléances à l'assemblée du bailliage du Perche.

Aujourd'huy, 28 mars 1789, issue des vespres, en l'assemblée convoquée au son de la cloche, en la manière accoutumée, sont comparus au lieu ordinaire de nos assemblées, par devant nous, syndic et députés composants la municipalité de la paroisse de Mênu soussignés, sont comparus : Jean Creste, laboureur; François Normand, bordager; François Pitou, lab^r; Thomas Bonnard, lab^r; François Neil, l'aisné, bord^r; François Neil, le jeune, aussy bord^r; Jacques Tranchard, lab^r; Jacques Angoulvent, lab^r; Thomas Tranchard, lab^r; Robert Angoulvent, lab^r; Robert Coignard, lab^r; Marin Tranchard, lab^r; Mathurin Passard, bord^r; André Angoulvent père, bord^r; André Angoulvent, aussi bord^r; Simon Normand, bord^r; Jean Gerfaux, tisserand; Michel Guillier, bord^r; Jean Passard, journalier; François Bacoup, bord^r; Alexis-Benoit Normand, j^r; François Goullet, j^r; Robert Coignard, j^r; François Mercier, sabotier; Pierre Texier, sab^r; Pierre Bachelier, filassier; Jean Morin, sab^r; Thomas Passard, j^r; Maixme Mercier, sab^r; Gilles Jullien, bord^r, — tous nés français, âgés de 25 ans, compris dans les rôles des impositions de cette paroisse, composée de 88 feux, lesquels, pour obéir aux ordres de S. M. portés par ses lettres, données à Versailles, le 24 janvier 1789, pour la convo-

---

[1] Nous n'indiquons ici que la partie de ces archives que nous avons eue à étudier.

cation et tenue des Etats-Généraux de ce royaume et satisfaire aux dispositions du règlement y annexé, ainssy qu'à l'ordonnance de Mʳ le bailly du Perche ou Mʳ son lieutenant général, dont ils nous ont déclaré avoir une parfaite connoissance, tant par la lecture qui vient de leur en être faite que par la lecture et publication ci-devant faite au prône de la messe de paroisse par Mʳ le Curé, le 1ᵉʳ du présent mois, et par la lecture, publication et affiche pareillement faites le même jour, à l'issue de la dite messe de paroisse, au devant de la porte principale de l'église, — nous ont déclaré qu'ils allaient d'abord s'occuper, conjointement avec les membres du Tiers-Etat qui font partie de cette municipalité, de la rédaction de leur cahier de doléances, plaintes et remontrances ; et, en effet, y ayant vacqué, il nous ont représenté le dit cahier, qui a été signé par ceux des dits habitants qui savent signer et par nous et notre greffier, après l'avoir coté par première et dernière page et paraphé *ne varietur* au bas d'icelles (1).

Et, de suite, les dits habits, après avoir mûrement délibéré sur le choix des députés qu'ils sont tenus de nommer en conformité des lettres du Roy et du règlement y annexé, les voix ayant été par nous recueillies en la manière accoutumée, la pluralité des suffrages s'est réunie en faveur des sieurs Martin Passard, membre de cette municipalité, et François Bacoup, bordager, qui ont accepté la dite commission et promis de s'en acquitter fidèlement.

La dite nomination ainsi faite, les dits habitants ont remis en notre présence aux dits sieurs Passard et Bacoup, leurs députés, le cahyer, afin de le porter à l'assemblée qui se tiendra le 10 du présent mois devant Mʳ le bailly du Perche ou Mʳ son lieutenant général à Mortagne et leurs ont donné tout pouvoir, requis et nécessaire à l'effet de les représenter à la dite assemblée pour toutes les opérations prescrittes par l'Ordonnance susdite de Mʳ le bailly du Perche, comme aussy de donner pouvoirs généraux et suffisants de proposer, remontrer, aviser et consentir tout ce qui peut concerner les besoins de l'Etat, la réforme des abus, l'établissement d'un ordre fixe et durable dans toutes les parties de l'Administration, la prospérité générale du royaume et le bien de tous et de chacun des sujets de S. M. ;

Et, de leur part, les députés se sont présentement chargés du cahier des doléances de la dite paroisse et ont promis de le porter à la dite assemblée et de se conformer à tout ce qui est prescrit et ordonné par les dites lettres du roy, règlement annexé et ordonnance susdattée, desquels nomination de députés, remise de cahiers, pouvoir et déclarations nous avons à tous les susdits comparans donné acte, et signé avec ceux des dits habitants qui scavent signer, et avec les députés notre présent procès-verbal ainssi que ce duplicata que nous avons présentement remis aux dits députés pour constater leurs pouvoirs et sera la minute déposée aux archives de cette municipalité les dits jours et an.

[Signé :] F. NORMAND, R. COIGNARD, Jean GERFAUX, Denis BEAUFILS, Jullien GUILLER, NORMAND, Jean LIROCHON, Pierre BACHELLIER, P. AUBER, DURAND, BACOUP, PASSARD, préposé,

---

(1) Le bas des pages du cahier porte en effet les mention et signature suivantes : « *Ne varietur*. de Boutigny, s. m. ».

Descorches de Boutigny, s[yndic] m[unicipal], B. Huet, greffier.

Bibliothèque de M. de La Sicotière, sénateur, à Alençon. Original (1).

N° 4.

Les Mesnus; 28 mars 1789.

Cahier des doléances, plaintes, vœux et remontrances des habitants de la paroisse de Mênu.

La déprédation des finances n'est que trop avérée, mais ce n'est pas à de misérables gens de campagne à en rechercher les causes, à sonder le mal et à appliquer les remèdes. Assez de gens éclairés, qui en connaissent les ressorts, discuteront cette matière, nous hasarderons cependant deux mots à cet égard et nous dirons que l'impunité ne contribue pas peu à ces déprédations.

Si ceux que le roi honore de sa confiance étaient comptables de leurs opérations et responsables des déficits, ils y regarderaient de plus près, mais malheureusement on n'a que trop usé d'indulgence à leur égard. Un misérable domestique qui fait tort de cinq sols à son maître passe avec justice par toute la rigueur des lois, tandis qu'un ministre déprédateur divertit impunément les deniers du trésor royal. Quelle inconséquence !

Impôts.

Article Premier. — Un des remèdes les plus efficaces serait, à notre avis, la suppression de cette foule d'impôts dont les agents sans nombre absorbent la majeure partie des revenus de l'Etat et s'engraissent du sang le plus pur de la France. Mais, dira-t-on, que faire de tous ces gens-là ? Plaisante objection. Lorsqu'à la fin d'une guerre qui a mis le roi dans le cas d'augmenter le nombre de ses troupes, il est obligé, pour ne pas surcharger l'Etat, d'en réformer une partie considérable, s'inquiète-t-on beaucoup de ce que deviendront nombre d'officiers qui ont employé leurs fonds à lever de nouvelles compagnies, et un nombre bien plus grand de soldats qui ayant perdu pendant un long service l'usage d'un travail continuel et pénible, ne peuvent dans un âge avancé subvenir à leur subsistance ? Les uns et les autres ont cependant prodigué leur sang et leur vie pour la défense et la sûreté de leurs compatriotes.

Il ne faudrait donc qu'un seul impôt, tel que l'impôt territorial, ou du moins un très petit nombre d'impôts, qui, départis par l'Assemblée provinciale ou par les Etats que Sa Majesté sera suppliée d'accorder à notre province, comme au temps de ses anciens comtes, sur tous les biens du royaume, sans aucune

---

(1) Cette pièce et la suivante, ainsi que les cahiers des autres paroisses du Perche, ont été donnés à M. de La Sicotière par M. Ollivier, jadis procureur à Mortagne.

distinction ni privilège, et la répartition individuelle faite par les municipalités; on pourrait parvenir, du moins par la suite, à cette égalité si désirable et si désirée. Cet impôt serait perçu par les municipalités et par elles versé de quartier en quartier, sans frais, directement au trésor royal par la voie des diligences ou autres voitures publiques qui seraient tenues de s'en charger sans rétribution. A cet effet affermir de plus en plus les Assemblées provinciales, de département et municipales ; on pourrait même encore tirer un avantage de ces derniers en en faisant des juges de paix à l'instar de ceux d'Angleterre.

Justices subalternes.

ART. 2. — Suppression de toutes les justices seigneuriales et subalternes qui, formant des degrés de juridiction à l'infini, facilitent l'oppression du riche sur le pauvre qui ne peut le suivre si loin et se trouve ruiné avant d'en avoir essuyé la moitié. Pour les remplacer dans les appositions des scellés, reconnaissance d'iceux, les tutelles, curatelles, adjudications des personnes et biens des mineurs, etc., les notaires royaux donneraient sans doute un bon supplément de finances qui servirait dans le besoin présent, et leur ministère, au moyen d'un règlement équitable, deviendrait moins dispendieux.

Par rapport aux affaires litigieuses, on pourrait établir dans les chefs-lieux, à quatre, cinq et six lieues les unes des autres, des justices royales, et la finance de tous ces officiers produirait encore une somme assez conséquente.

Enfin, une réformation dans la procédure, un nouveau code, clair, simple et précis, qui bannirait pour jamais ces grosses volumineuses, rarement profitables et toujours ruineuses pour les parties.

Tabellions et notaires de campagne.

ART. 3. — Suppression des tabellionnés des seigneurs et de tous ces notaires de campagne qui, par leur impéritie, ne font guères d'actes qui ne puissent fournir matière à plusieurs procès et dont les minutes sont ordinairement soustraites ou perdues à leur mort, au préjudice des particuliers qui ont eu confiance en eux.

Jurés-Priseurs.

ART. 4. — Suppression des jurés-priseurs.

Si celui de ce baillage est une preuve qu'il peut y avoir d'honnêtes gens parmi eux, l'expérience journalière prouve que souvent le mobilier d'une succession suffit à peine à la voracité de quelques-uns de ses confrères. D'ailleurs, ces entraves sont trop gênantes et trop odieuses.

Contrôles.

ART. 5. — Diminution des droits de contrôle avec un nouveau tarif aussi clair que précis qui anéantisse l'arbitraire qui règne en cette partie.

Aides et gabelles.

ART. 6. — Suppression des aides, gabelles, entrepôts, ainsi que de tout ce qui peut mettre des entraves à toute espèce de commerce; en conséquence le sel, le tabac marchand et les boissons absolument libres.

Art. 7. — Faculté aux censitaires de rembourser au seigneur, sur le pied du denier [vingt], les cens et rentes seigneuriales, ou du moins suppression de la solidarité, d'autant plus désastreuse qu'elle occasionne chaque année des frais inévitables. En effet, si quelqu'un s'avise pour s'en garantir d'aller payer une ou plusieurs prises, il peut être assuré de recevoir, le lendemain et jours suivants, une ou plusieurs assignations pour le paiement des prises dans lesquelles il possède ses moindres objets. Aussi l'échéance des rentes seigneuriales est pour l'huissier de la seigneurie le temps d'une moisson si ample, qu'elle est jalousée de la plupart des gens d'affaires qui font des copies d'assignations et prennent à journée l'huissier qui, pour un écu, leur en gagne vingt et plus.

Les droits de banalité sont encore plus révoltants et plus désastreux. Les seigneurs qui, à ce moyen, afferment leurs moulins à plus haut prix, emploient tout leur crédit pour maintenir les meuniers dans la possession où ils sont de voler impunément les malheureux censitaires.

Reconnaissances à terrier.

Art. 8. — Les renouvellements de terrier sont devenus un vrai brigandage. Autrefois, un notaire à terrier se contentait pour ses droits de préambule et clôture de six actes, de sept sols six deniers et de deux sols six deniers pour chacun article, et les seigneurs, plus humains, prenaient ordinairement les grosses à leur compte. Ainsi les censitaires n'avaient pas lieu de se plaindre. A présent, les commissaires-notaires à terrier, étayés d'un règlement qu'ils ont surpris à la sollicitation des seigneurs, écrasent ces malheureux en faisant payer les minutes au moins six fois plus cher et en enflant les grosses de la généalogie des censitaires et des espèces d'extraits des titres de propriété qu'ils se font représenter, de façon que la déclaration d'une seule bicoque qui ne comprend pas une perche de terrain, sans la moindre dépendance (déclaration dont la minute n'aurait coûté, il y a vingt-cinq ans, que dix-sept sols six deniers, y compris le papier et le contrôle), vient de coûter à un misérable garçon meunier près de quinze livres; n'est-il pas odieux d'exiger une somme aussi forte pour le nouveau titre d'une redevance de deux ou trois deniers?

C'est à l'auguste Assemblée, qui doit avoir lieu le mois prochain, à réprimer de semblables abus, à ordonner les restitutions convenables et à infliger les peines que méritent de semblables concussionnaires.

Que les seigneurs se fassent reconnaître, à la bonne heure! mais que la reconnaissance se fasse à leurs frais, s'ils veulent que leurs tenanciers s'enrichissent si promptement.

Routes.

Art. 9. — Les grandes routes s'établissent et se dirigent plus souvent sur l'intérêt des seigneurs, qui les sollicitent pour se procurer l'agrément des voyages qu'ils font dans leurs terres et augmenter le prix de leurs bois, en en facilitant la tirée, que sur

l'intérêt public dont ils ont soin de colorer leurs poursuites. Ce sont donc les seigneurs qui retirent le plus d'agrément et d'utilité des grandes routes, et c'est le pauvre cultivateur, le misérable artisan, qui en font seuls les frais. Quelle contradiction avec ce principe d'équité suivant lequel celui qui retire avantage d'une chose doit en supporter les charges.

La confection de celle qui a été ouverte, il y a six à sept ans, sur les fonds les moins mauvais de cette paroisse, dans l'étendue de trois quarts de lieue de longueur sur soixante pieds au moins de largeur, sans qu'aucun ait reçu le moindre dédommagement, est interrompue depuis que la Ferté-Vidame a changé de seigneur. Ne serait-il pas raisonnable que, perdant notre terrain, les trois cents livres ou environ, que paie annuellement la paroisse pour les routes, fussent employées à la perfection de cette route, du moins dans les endroits qui sont impraticables, et à la construction d'un pont sur la rivière d'Eure, dans laquelle la vie des voituriers et de leurs chevaux, ainsi que celle des voyageurs, sont exposées pendant les grandes eaux ?

<table>
<tr><td>R. Coignard.</td><td>Jean Lirochon.</td></tr>
<tr><td>F. Normand.</td><td>Durand.</td></tr>
<tr><td>S. Normand.</td><td>Bacoup.</td></tr>
<tr><td>Jean Gerfaux.</td><td>B. Huet, greffier.</td></tr>
<tr><td>Denys Beaufils.</td><td>Pierre Bachelier.</td></tr>
<tr><td>Julien Guillier.</td><td>Passard.</td></tr>
<tr><td>P. Auber.</td><td></td></tr>
</table>

Bibliothèque de M. de La Sicotière, sénateur, à Alençon. Original.

TABLE

Des noms de personnes et de lieux contenus dans le Mémoire historique sur les Mesnus.

Agnez, fe de Jacques Legouz, 62.
Alençon (généralité d'), 9. — ch.-l. du département de l'Orne, 56.
Allain, orfèvre à Chartres, 27.
Amiot (Robert), 62.
Amsterdam (Hollande). Voir Janson, 7.
Angers, 55.
Angoulvent (André), 22. — conseiller municipal, 41. — maire, 42, 45, 51, 66.
Angoulvent (Michel), trésorier, 25.
Angoulvent (Denys), lieut. gard. nat., 42, 44.
Angoulvent (Mathias), surveillant de l'atelier de salpêtre, 57.
Angoulvent (Robert), trésorier, 67, 69. — sergent, 42, 51, 52.
Angoulvent (Jacques), 69.
Angoulvent (André), père, 69. — fils, 69.
Anguyen (cte d'), 8.
Arcisses, ancienne abbaye, par. de Brunelles, cant. de Nogent-le-Rotrou, 16.
Arcisses (Jehan d'), 62.
Arcis (les), aliàs *les Arcisses*, village à Neuilly-sur-Eure, 62.
Ardelles, par. réunie à Digny, Eure-et-Loir, 15.
Argentan (élection d'), Orne, 9, 53.
Aubert (Mathurin), trésorier, 67.
Aubert (Nicolas), notaire aux Murgers, 60, 64, 68.
Aubert (Pierre), cons. mun., 41, 53.
Aubin, sr de la Brulardière, 9, 60.
Aubin (François), à Malétable, 46.
Bachelier (François), trésorier, 15, 26, 61, 64.
Bachelier (Nicolas), 61.
Bachelier (Pierre), filassier, 69.
Bachelier (Renée), mère des Cottereaux, 61.
Bachelier (Thomas), 59, 63.
Bacoup, maire des Mesnus, 41, 43, 53, 69. — agent national, 42.
Badou (Simon), sr de la Galaisière, 9.
Bahère, notaire à Moutiers, 58.
Barante (bon de), historien, 12.

Barbier (René), marchand à St-Jean-des-Murgers, 60.
Baumard, à Brezolles, 24.
Beannertre (Guillaume), 62.
Beaufils (Denys), cons. mun., 41, 52.
Beaufils (François), 66.
Beaufils (Jacques), 33, 64, 66. — caporal, 42.
Beaufils (Blaise), 62.
Beaulieu, village à Neuilly, 61.
Beaumert, 53.
Béhulière (Pierre), 36, 58, 64. — gager.
Béhulière, à Boissy-le-Sec, 60.
Belhomert, par., cant. de la Loupe, E.-et-L., 6.
Belleau (Elisabeth-Charlotte), fe de Pierre-Alexandre d'Escorches, 15.
Bellême, ch.-l., cant., Orne, 56.
Bernay (district de), 50.
Berny, secrétaire de l'évêque de Chartres, 32.
Bertillière (la), village aux Mesnus, 9, 35, 59.
Besnard (Toussaint), trésorier, 29, 67.
Besnard (Thomas), 1er marguillier, 25, 33, 59.
Besnard (Nicolas), 60.
Besnard (Denys), au Petit-Boulay, 60. — trésorier, 64.
Besnardière (la), clos aux Mesnus, 61.
Bétoires (les), champ aux Mesnus, 60.
Bizou, par., cant. de Longny, 10, 47.
Blanchard (Jean), 36, 58.
Blanchoin. Voir Hélière.
Blanchoin de la Hélière, fe de Gilles d'Escorches, 15.
Blanquet, archidiacre de Dreux, 66.
Blois (St-Lhomer de), abbaye, Loir-et-Cher, 7.
Blondé (Noes de), 62.
Bois des Mesnus (le). Voir Mesnus.
Bois (le), aliàs N.-D.-du-Bois à St-Evroult, cant. de la Ferté-Fresnel, Orne, 37.
Boissy-le-Sec, par., cant. de la Ferté-Vidame, E.-et-L., 60.
Bollet, représentant du peuple dans la Manche, 22.

Bonald (comte de), philosophe, 12.
Bonnard (Thomas), laboureur, 68.
Bonne (de), curé de Manou, 20.
Bonvallet, desservant des Mesnus, 14.
Borde (m^{is} de la), archéologue, 13.
Bordeau (Louis), trésorier, 26.
Bordeau (Nicolas), tabellion à Moutiers, 61, 63.
Boulay (le Grand), aux Mesnus, 26, 67.
Boulay (le Petit), aux Mesnus, 9, 61.
Boulay (le frou du), aux Mesnus, 63.
Boulay (le pré du), aux Mesnus, 56.
Bourgoin, garde-notte royal à Neuilly-sur-Eure, 32. — à Mortagne, 58, 63, 65.
Bouthier, official de Chartres, 32.
Bouthier (Jacques), s^r de la Bertillière, 9.
Bouthier (Barbe), 59.
Bouthier (Simon), tabellion à Moutiers, 60.
Bouthier (les), famille aux Mesnus, 63.
Bouthier (Barthélemy), notaire, 13.
Boutigny, comté de Montgommery, Normandie, 9.
Braille (Louis-Charles de), docteur en théologie, ch^{ne} de Chartres, 32.
Bresnay (Pierre de), 8, 62.
Brest, en Bretagne, 53.
Brethèche (pré de la), 62.
Breton (Bastienne), f^e Jumeau, 58.
Bretoncelles, par., cant. de Regmalard, Orne, 6.
Brezolles (doyenné de), diocèse de Chartres, 7, 68.
Brezollettes, par., cant. de Tourouvre, Orne, 52.
Brossard (François de), s^r de Frémond, 9, 34.
Brossard (Benjamin de), 9.
Brossard (Alexis de), 9.
Brossard (Jacques de), 9.
Brossard (Marie de), 34, 36, 59.
Brossettes (les), champ aux Mesnus, 33.
Brulardière (la), village aux Mesnus, 9.
Brulé (Jeanne-Marie de), f^e de Jacques de Brossard, 9.
Brulon, Sarthe, 56.
Brunelles, par., cant. de Nogent-le-Rotrou, E.-et-L., 16.
Buart (Guillaume), 59.
Buat (François), couvreur à Longny, 27.
Buissonnez (les), terre aux Mesnus, 63.
Bulerdière (la) ou *Billardière*, village à Neuilly-sur-Eure, 10.
Cambacérès, 57.

Cardon (Jacques), notaire et tabellion à Moutiers, 64.
Carentan, Manche, 53.
Carnot, 57.
Caumont (de), archéologue, 13.
Casaubiel, officier de santé, maire du Pas-St-Lhomer, 18.
Chambon. Voir Trousseauville, 9.
Champ-Huart, pré aux Mesnus, 60.
Champs-Corons, ferme, 11, 47, 52.
Champs-du-Mêle (Grands), 60.
Champtier de la Fontaine-Chaude à Fontaine-Simon, 33.
Chantonnin (Agnès de), f^e de Jehan le Tonnelier, 62.
Chapelle-Fortin (la), par., cant. de la Ferté-Vidame.
Charbonnière (la), village aux Mesnus, aliàs *Cherbonnière*, 25, 52, 58, 62.
Chardon (Robert), à la Lande, 64.
Charles (François), évêque de Chartres, 67.
Charron, curé de Coutretot, 14.
Charpentier, curé, 19.
Charpentier (Valentin), administrateur et curé de l'hôpital des Six-Vingts à Chartres, 28, 68.
Charpentier-Lejeune, notaire à Moutiers, 24, 64.
Charpentier (François), notaire à Moutiers, 64.
Chartres, Eure-et-Loir. — pouillé de, 6. — cartulaire de N.-D. de, 7. — Jacobins de, 19. — officialité de, 25. — hôpital des Six-Vingts de, 28. — Carmélites de, 29.
Châteaubriant, littérateur, 12.
Châteauneuf-en-Thimerais, ch.-l. de cant., E.-et-L., 15.
Châtelets (les), village à Bretoncelles, 61.
Châtelets (les), village à la *Mancellière*, cant. de Brezolles, 10.
Cherbourg (côtes de), 22, 53.
Clopeutre, curé des Mesnus, 13, 58.
Cloyes ou Clayes (gué des), 62.
Coignard (Robert), syndic des Mesnus, 25, 69.
Coignardière (la), village aux Mesnus, 11, 26, 58, 68.
Coignard (Etienne), secrétaire du comité, 41.
Coignard, percepteur des deniers, 48.
Coingnard (Guillaume), 21, 62.
Collin, fondeur, 19.
Condé, par., cant. de Regmalard, Orne, 6.
Corbion (abbaye de), aliàs Moutiers-au-Perche, 6.
Corbionne, rivière et vallée à Moutiers, 7.

Cordier (Thomas), curé des Mesnus, 13, 59.
Cornu, curé des Mesnus, 17, 64, 65.
Cottereaux (les), famille, aux Mesnus, 61.
Couillin (Thomas), trésorier, 15, 68.
Couillin (François), 25, 63.
Couillin, cons. mun., 42.
Couillin (Jean), 52.
Coulanges (Fustel de), historien, 12.
Coulonval ? 28.
Couppay (Marguerite de), fᵉ de Louis Daragon, 9.
Courmesnil (la), à Neuilly-sur-Eure, 47.
Courtin (René), huissier royal à Pontgouin, 25, 67.
Coutretot, par. réunie à Trizay, cant. de Nogent-le-Rotrou, 14.
Creste (Nicolas), 53, 59.
Creste (Jean), laboureur, 68.
Cruchonnière, sgʳⁱᵉ, à Fontaine-Simon, 60.
Damours (Mathery), 62.
Daragon (Louis), sʳ des Mains-Fermes, 9.
Daragon (Marguerite-Louise), 9.
Daragon (Mathurin), bailli de Moutiers, 67.
Darreau (Charles), notaire à Moutiers, 64, 66.
Décorcerie ou *Décorcherie*, maison, aux Mesnus, 10.
Delangle, receveur à Mortagne, 48.
Desvaux (François), notaire à Moutiers, 64.
Digny, par., cant. de Senonches, 15.
Domfront (élection de), 9. — assemblée électorale de, 47.
Dorceau, par., cant. de Regmalard, 9.
Dreux, archidiaconné du pagus Dorcassensis, diocèse de Chartres, 7.
Drouard (André), curé de N.-D. de Senonches, bachelier en droit canon, 58.
Drouin (Nicolas), à Moulicent, 46.
Dubois-Crancé, 57.
Duchesne (Etienne), curé des Mesnus, 13, 59.
Dugué (Sébastien), 59.
Dumay, peintre à Chartres, 24, 66.
Durand (Louis), couturier, 36, 60.
Durand (Toussaint), caporal, 42, 52.
Durand, chef d'atelier de salpêtre, 57.
Durand (Paul), 44.
Durand (Thomas), 59.
Durand (Marie), 58.
Durand (Anne), fᵉ de Louis Passard, 60.
Duteil, inspecteur du salpêtre pour le district de Mortagne, 57.

Eaux-Mêlées, champ, aux Mesnus, 27.
Ecouvens (les), champ, aux Mesnus, 27.
Eloi (Nicolas), curé des Mesnus, 13, 31.
Epine-Garnier, champ, aux Mesnus, 36, 60.
Escorches (famille d'), 9, 17.
Escorches (Claude-François d'), sʳ de Loisé, 20.
Escorches (Marie-Louise d'), 20.
Escorches (Pierre-Alexandre d'), 10, 24, 47, 51.
Escorches (Louis-Robert d'), curé d'Yèvres, 19.
Escorches (Gilles-François d'), sʳ de Rumien, 25, 26, 61, 66.
Escorches (Gilles d'), sʳ de Boutigny, 1ᵉʳ marguillier de Sᵗ-Maixme des Mesnus, 31, 61.
Escorches (Charles d'), 47.
Escorches (d') de Boutigny, Estienne, 63.
Escorches (d'), de Boutigny, syndic municipal, 70.
Escuier (Girard l'), 61.
Etampes (Léonor d'), évêque de Chartres, 16.
Etang (l'), à Manou, 10.
Eure, rivière, 6.
Eure-et-Loir, département, 7.
Expilly, abbé, 7.
Farignière ou *Farinière*, village à Fontaine-Simon, 60.
Ferrière-au-Val-Germond, par. réunie à Fontaine-Simon, 28.
Ferrière (la), élection de Domfront, 9.
Ferté-des-Bois, aliàs *Ferté-Vidame*, ch.-l. de cant., E.-et-L., 45, 72.
Flammarens (de), vicaire général de Chartres, 67.
Fleurière (la), village du Mage, cant. de Longny, 58.
Fontaine-Simon, par., cant. de la Loupe, E.-et-L., 6, 47.
Forcoal (Mgʳ de), évêque de Séez, 61.
Fossard, huissier à Longny, 48, 68.
Fosse-Guion, pré, aux Mesnus, 60.
Foucault, aubergiste à Moutiers, 27.
Fourbet (Pierre), 33, 60.
Fourbet (Michel), trésorier, 64, 66.
Fourcroi, 57.
Frémond (de), 9.
Frémond (Guillaume), sʳ de Viantais, 9.
Frémond (Jean de), 9.
Frémond (Mˡˡᵉ de), 34, 59.
Gagné ou Gangné (Mathurin), curé des Mesnus, 15, 17, 24.
Gagné (Charles), frère de Mathurin, du comité de surveillance, 17, 41.

Galasière (la) ? 9.
Garnier de Saintes, représentant du peuple dans l'Orne, 49.
Garnier, curé de Moutiers, 19.
Gastel (Renée de), fe du sr de la Motte, 10, 20, 47, 51.
Gastel (Anne-Geneviève de), 10.
Gastel (François et Simon de), 10.
Gastel (Jérôme de), 10.
Gasteau, menuisier à Digny, 65.
Gaubert (François), juge civil et criminel au baillage et commanderie de la Ville-Dieu de Manou, 59.
Gauthier (Toussaint), à la Lande, 60.
Gellainville, par., cant. de Chartres-Sud, 67.
Georget, sergent royal, 67.
Gerfaux (Jean), 2e sergent de la garde nationale, 42, 69.
Gervaise, commissaire à Mortagne, 51.
Gilet Bretel, 62.
Gillet, paroissien des Mesnus, 10.
Gillot Fougis, 62.
Girard, cons. mun., 42.
Giroux (François), tabellion à Moutiers, 33, 64.
Gislain, chef de bureau, 19.
Gobelet, curé des Mesnus, 13, 61.
Gobelet, notaire à Moutiers, 63.
Gohier (Joseph), agent national du district de Mortagne, 42.
Gohon (Charles), prêtre, 58.
Gohonville (Philippe de), 8, 62.
Goujon (Nicolas), fondeur à Paris, 15, 65.
Goullet (François), 69.
Gouste (Noël), curé des Mesnus, 13, 59.
Goutte (François), 58.
Gouverneur, auteur des « Essais sur le Perche », conseiller général de Nogent-le-Rotrou, 10.
Gravelle (Charles de), sr des Châtelets, juge civil et criminel de Neuilly et Beaulieu, 61.
Guérin (François), sous-lieut. de la garde, 62.
Gués (Antoine des), 10.
Guibinot (Louis), manœuvre, 59.
Guihéry, curé des Mesnus, 23.
Guillemin (François), 27.
Guillet (Michel), trésorier, 27, 69. — secrétaire du maire, 41.
Guillet (Pierre), trésorier, 29, 64, 65, 67. — sous-lieut. de la garde nationale, 42.
Guillet (Anne), fe de Michel Langot, 59.
Halgrin (Pierre), sr de la Fleurière, bailli de Moutiers, 58.
Hardy (Simonne le), fe de Simon Badou, 9.

Hayes (les), village aux Mesnus, 9, 47, 68.
Hayes (Gabriel), domestique, 59.
Hébert (Mathurin), tabellion à Moutiers, 60, 63.
Hélière (Marie Blanchoin de la), veuve de Gilles d'Escorches, 15, 20.
Hélière (la), village, au Mage, cant. de Longny, 15.
Hérissay, tuilerie et ferme, à Manou, 10.
Hilaire-des-Landes (St-), pays du Maine, 9, 60.
Himmonière (pré de la), aliàs :
Hymonière, village, à Fontaine-Simon, 63.
Hodebourg, couvreur, 45.
Huet (Jean), à Lhôme-Chamondot, 46.
Huet (Geoffroy), 62.
Huet (François), trésorier, 66.
Huet (Blaise), greffier, 70. — lieutenant, 42. — sacristain, 45.
Huet (Pierre), trésorier, 26, 66.
Huet (Robert), 32.
Hugo (cte Victor), poète, 12.
Husson, fondeur, 19.
Hutin (Jehan), 62.
Janson, d'Amsterdam, auteur d'une carte du Perche, 7.
Janville, ch.-l. de cant., E.-et-L., 52.
Jardins (les petits), terre, aux Mesnus, 61.
Jehanne, fe de Jehan Matraz, 63.
Joannet (Denyse), vve de Pierre Huet, 66.
Joannet (Jean), au Grand-Boulay, 67.
Joannet (Pierre), notaire, tabellion à la Renardière, 60.
Joannet (Marie), vve de Pierre Cognard, 58.
Joannet (Adrienne), vve de Thomas Bachelier, 59.
Joly (Christophe), curé de Gellainville, 67.
Jouan (Louis), curé de Neuilly-sur-Eure, 15.
Julien (Gilles), bordager, cons. mun., 41, 69.
Julien (Gilles), sergent, garde national, 42, 44.
Julien (François), caporal, 42.
Jussieu (de), botaniste, 13.
Laigle, ch.-l. de cant., Orne, 56.
Laigneau (Etienne), aux Mesnus, 60.
Lamartine (de), poète, 12.
Lamoricière (de), général, 13.
Lande-sur-Eure (la), par., cant. de Longny, 7, 49.
Langeoire (Mathurin), trésorier, 25.
Langlois, maréchal à la Ville-Dieu, 21.
Langlois (Bastien), vicaire aux Mesnus, 58.

Langlois (Jacques), curé aux Mesnus, 14, 32, 59.
Langot (Mathurin), trésorier, 25, 66.
Langot (Jacques), trésorier, 36, 66.
Langot (Michel), laboureur, 59.
Langot (Louis), trésorier, 64.
Laplace (Mis de), astronome, 13.
Laprade (de), littérateur, 12.
Launay (de), à Pontorson, 11.
Lauzières (de) de Thémines, Alexandre-Amédée, év. de Blois, prieur com^{daire} de Moutiers, 11.
Lazin (Marie), 61.
Lazin (François), notaire à Regmalard, 64.
Lecourbe, v^{ve} Bauchet, à Monceaux, 46.
Legrand (Louis), notaire à la Lande, 13.
Legrand (Gervais), à Senonches, 58.
Legris (Antoine), curé des Mesnus, bachelier, 13.
Legouz (Jacques), 62.
Lemaire (Jehanne), f^e de Etienne Passard, 65.
Lemaire (Pierre), 65.
Lemaire (Jehan), tabellion à Moutiers, 64, 65.
Lemaire (Marie), 61.
Léonard ....., 58.
Leroy-Beaulieu, économiste, 41.
Leroux (Nicolas), 52.
Levassort, curé de Fontaine-Simon, 19.
Lhome-Chamondot, par., cant. de Longny, 46.
Lirochon (Jean), 70.
Livonne (Denyse), 62.
Loges (les), village aux Mesnus, 26, 59, 63, 66.
Loisé, par., c^{ne} de Mortagne, 10, 20, 47.
Longny, ch.-l. de cant., Orne.
Loré, orfèvre à Chartres, 29.
Lorins, Husson et Cie, fondeurs, 21.
Louise ...., f^e de Louis Blanchard.
Loupe (la), ch.-l. de cant., E.-et-L., 6.
Loyseau, chirurgien à Senonches, 10.
Luneau, secrétaire de Blanquet, 66.
Maçot-Haudry, 62.
Madeleine (Pierre), trésorier, 67.
Madeleine (Mathurin), sous-lieutenant, 42, 51.
Magdeleine-Bouvet (la), par., cant. de Regmalard, 6, 47.
Magny (Pierre de), s^r de la Motte, 10, 29.
Magny (Jean-Pierre de), s^r de Magny, off. de grenadiers, 10.
Magny (Jean-Baptiste de), off. au régiment d'Auxerre, 10.

Magny (Jean-Médard de), off. au régiment d'Auvergne, 10.
Magny (Françoise-Adélaïde de), fille du s^r de la Motte, 10.
Magny (René de), curé de Coulonval, 10.
Magny (Pierre de), frère de René, 10.
Magny (de), fils du s^r de la Motte, architecte à Paris, 47.
Mains-Fermes, village aux Mesnus, 9.
Maistre (c^{te} de), philosophe, 12.
Maixme (le clos S^t-), champ aux Mesnus, 59.
Malesherbes (de), 41.
Malétable, par., cant. de Longny, 46.
Manou, par., cant. de la Loupe, 7.
Marchainville, par., cant. de Longny, 37, 48.
Marchez-Beaudoin, 62.
Marchisiaux (les), à Fontaine-Simon, 60.
Mareschal (Marguerite), f^e de François de Brossard, 34, 59.
Maretz (les), en Dorceau, 9.
Mariette (la), champ aux Mesnus, 27.
Marle (de), intendant général, 8.
Marre, commissaire à Mortagne, 51.
Matraz (Robin), 62.
Matraz (Jehan), 63.
Mattaincourt (de), archidiacre de Dreux, 25, 66.
Maubuisson (Jean-Baptiste), chanoine de Chartres, 67.
Mêle (champ du), 33.
Méliand (Pierre), sgr, b^{on}, ch^{lain} de Moutiers et Mesnus, 15.
Méliand, conseiller à la chambre et parlement de Paris, 15.
Melun (c^{te} de), philanthrope, 13.
Menou de la Pépinière (Paul), off. de grenadiers royaux, 10.
Mercier (François), trésorier, 25, 69.
Mercier (Maixme), 69.
Merlerault (le), ch.-l. de cant., Orne, 36.
Mesnus (les), aliàs *Menus*, par., cant. de Longny, Orne, 6, 48. — le Bois des, 8, 17, 47, 68. — St-Laurent des, 28. — St-Mesme des, 31.
Meunier (Michel), trésorier, 66.
Michel (Esprit de St-), curé des Mesnus, 17, 25.
Michel (Elisabeth de St-), sœur d'Esprit, 17.
Mitouard, desservant des Meurgers, 19.
Monceaux, par., cant. de Longny, 46.
Montalembert (de), orateur, 12.
Montyon (de), philanthrope, 13.
Morin (Jean), sabotier, 69.

Mortagne, ch.-l. d'arrond., 6, 56. — conseil général de, 42. — halles et marché, 51. — maison d'arrêt, 53.
Morteaux (Richard de), s^r de Villebon, 9.
Morteaux (Charles de), fils de Richard, 9.
Motelière (la), aliàs *Motillière* et *Mortelière*, village aux Mesnus, 11, 42, 62.
Motte-des-Rigaudières (la), à la Chapelle-Fortin, 10.
Motte (la), aux Ressuintes, 10.
Motteau, aliàs Motheau (Gaspard), trésorier, 66.
Motteau (Marie), 58.
Moulicent, par., cant. de Longny, 46, 48.
Moulin-Renaud, haut-fourneau à la Magdeleine-Bouvet, 20.
Moutiers-au-Perche, par., cant. de Regmalard, Orne. — prieuré de, 6. — charité de, 47.
Moutiers-en-Beauce, cant. de Voves, E.-et-L., 22.
Musset (de), poète, 12.
Murgers (les), par. réunie au Pas-St-Lhomer et à Meaucé, 7, 68.
Nancy, capitale de la Lorraine, 9.
Navet (Ambroise), capitaine, 42, 53.
Navet (François), caporal, 42.
Navet (François), trésorier, 67.
Navet (Louis), trésorier, 42, 52.
Navet (Louis), cons. mun., 42.
Neil (François), laboureur à Fontaine-Simon, 60.
Neil (François), l'aîné, bordager, 68. — le jeune, 68.
Neil (François), 67.
Neil (François), greffier municipal, 41, 52.
Neuilly-sur-Eure, par., cant. de Longny, 6. — cant. supprimé, 22, 42, 47.
Noë (c^{te} de), caricaturiste, 13.
Noël (André), à Longny, 47.
Noël, agent à Longny, 53, 68.
Nogent-le-Béthune, 16, alias :
Nogent-le-Républicain, aliàs *le-Rotrou*, ch.-l. d'arr., E.-et-L., 53.
Nogent (St-Hilaire de), par., 24.
Nonant (la Roche de), cant. du Merlerault, 9.
Normand (Alexis-Benoît), 69.
Normand (Simon), trésorier, 64, 66.
Normand (François), trésorier, 25, 33, 67, 68.
Normand, cons. mun., 47.
Normand, agent national, 42.
Normands (les), 6.
Noyeau, curé assermenté aux Mesnus, 42. — maire proposé, 22. — président du comité de surveillance, 41. — commissaire cantonal, 44, 56.
Noyre-Noë, métairie aux Mesnus, 62.
Nully (de), vicaire, desservant des Mesnus, 17.
Ollivier, procureur à Mortagne, 70.
Paris, porte St-Antoine, 24.
Paris, porte St-Sulpice, 65.
Pasquier-Loyseau, 63.
Pasquier (Julien), curé de Brunelles, 16, 65, 67.
Pasquier (Benoist), marchand à Nogent-le-Béthune, 16, 67.
Pasquier (Martin), curé des Mesnus, 14, 59, 65, 67, 68.
Pasquier (Jean), trésorier, 29, 65.
Passard (Martin), trésorier, 25, 67.
Passard (Simon), tissier et toilier, 36, 58.
Passard (Jacques), caporal, 42.
Passard (Jean), caporal, 44, 69.
Passard (Denys), 58.
Passard (Louis), 60, 64.
Passard (Hilaire), trésorier, 64, 66.
Passard (Etienne), 65.
Passard (Mathurin), 69.
Passard (Thomas), 69.
Pas-St-Lhomer, par., cant. de Longny, 6. — étang du, 60.
Péan (Hélène), 59.
Peignière ou *Pesnière*, aux Mesnus, 10, 58.
Perche (André), trésorier, 26, 53, 61.
Perche (Mathurin), tabellion à la Renardière, 59, 64. — à Manou, 60.
Perche (Anne), v^{ve} de Pierre Guillet, 60, 67.
Perche (François), sabotier, 60.
Perche (André), tailleur, trésorier, 64, 66.
Perche (province du), 6. — états du, 8.
Perrot (Pierre-Charles), 35, 59.
Perruches, champ aux Mesnus, 27.
Petit-Thouars (du), amiral, 13.
Petit, marchand à Chartres, 27.
Pimodan (de), général, 13.
Pitou (François), laboureur, 68.
Plisse (la), champ aux Mesnus, 33.
Poirier (Jeanne), v^{ve} Germond, 59.
Poncins (de), historien, 41.
Pontgouin, par., cant. de Courville, 41.
Pontorson, Manche, 11.
Porcher, orfèvre à Paris, 29.
Porcherie (la), à Neuilly-s.-Eure, 15.
Pottier, curé aux Mesnus, 19, 24, 25.
Poymulle, tabellion à la Ferté-Vidame, 60.
Rambouillet, Seine-et-Oise, 19.
Ravignan (de), prédicateur, 11.

Refuge (Christophe du), 8.
Regnard, notaire à Moutiers, 65.
Renard (François), indigent, 51.
Renardière (la), village, chapelle et haute-justice, à Manou, 59.
Réno (St-Victor-de-), par., cant. de Longny, 48.
Renoult (Jacques), peintre à St-Hilaire-de-Nogent, 24, 65.
Respoissé (Jehan le), 62.
Ressuintes (les), par., cant. de la Ferté-Vidame, 10.
Revel (Jean), notaire à Moutiers, 64.
Richelieu (duc de), ministre, 13.
Romet, bailli à Moutiers, 31.
Roque ou Rocque (Thiboult de la), officier, à Pontorson, 11.
Rossignol (Jeanne-Françoise), abbesse d'Arcisse, 16.
Rotrou III, cte du Perche, 16.
Rousseau (Michel), 33.
Roussel (Jehan), 62.
Roussel (Colin), 62.
Rousseville, agent à Longny, 53.
Rozier, fondeur, 19.
Ruffier-Lubin, 62.
Rumien, ferme et étang à Marchainville, 9.
Ruolz (cte de), chimiste, 13.
Sabley (district de), [Sablé], Sarthe, 56.
Séez (diocèse de), 7.
Senonches, ch.-l. de cant., E.-et-L., 10.
Senozan (de), intendant général du clergé, 30.
Sicotière (de la), sénateur à Alençon, 70.
Soligny-la-Trappe, cant. supprimé, par., cant., Mortagne, 45.
Sommerard (du), archéologue, 13.
Sonis (de), général, 13.
Talleyrand (prince de), diplomate, 13.
Tasse (la), ferme aux Mesnus, 26.
Tessier (Marie), vve Aubin, 58.
Thieulin, curé de Neuilly-sur-Eure, 14, 68.

Thymerais (province du), 7.
Thiboult (Guillaume), 62.
Tocqueville (de), littérateur, 12.
Tomblaine (Jean), trésorier, 66.
Tonnelier (Robert le), 62.
Tonnelier (Jehan le), 62.
Tranchard (Jacques), trésorier, 25, 66, 69.
Tranchard, procureur aux Mesnus, 41.
Tranchard, agent national, 43, 48, 53.
Tranchard (François), 66.
Tranchard (Marin), 69.
Trappe (la), de Mortagne, 52.
Travers (François), trésorier, 63.
Trousseauville (Anne de), vve de Richard de Morteaux, 9.
Trousseauville (Chambon), capitaine, 9, 47, 68.
Tyron, aliàs *Thiron*, ancienne abbaye, ch.-l. de cant., E.-et-L., 16.
Val-Germond. Voir Ferrière.
Vallée-du-Vin, champ aux Mesnus, 27.
Vallée (Jean), avocat, bailli et maître des eaux et forêts de la Ferté-Vidame, 60.
Valognes (Manche), 53.
Vaumorin (François de), 9, 60.
Vendée (rebelles de la), 56.
Verger (Françoise), vve de François Bachelier, 26.
Verger (le), aliàs *Vergier*, village aux Mesnus, 62.
Ville-aux-Nonains, par. réunie à Senonches, 22.
Villebon, par. réunie à St-Denys-des-Puits, cant. de la Loupe, E.-et-L., 9.
Villèle (cte de), ministre, 13.
Ville-Dieu (la), village à Manou, ancienne commanderie, la Ville-Dieu en Drugesin, 22, 47, 62, 63.
Viltrouvé (François), 44.
Wailly (de), historien, 11.
Yèvres, par., cant. de Brou, E.-et-L., 19.

www.ingramcontent.com/pod-product-compliance
Lightning Source LLC
LaVergne TN
LVHW021000090426
835512LV00009B/1989